G C

German

VOCABULARY BOOK

T. P. Murray

EDUCATIONAL

First published 1996

Letts Educational
Aldine House
Aldine Place
London W12 8AW
0181 740 2266

Text: © T.P. Murray 1996

Design and illustrations © BPP (Letts Educational) Ltd 1996

Design and page layout Goodfellow & Egan

British Library Cataloguing-in-Publication Data

A CIP record for this book is available from the British Library

ISBN 1 85758 386 8

Printed and bound in Great Britain by W M Print, Walsall

Letts Educational is the trading name of BPP (Letts Educational) Ltd

Acknowledgement
The Useful IT Vocabulary on pages 88–90 is taken from *Modern Languages, Information File No. 2* published in 1990 by the National Council for Educational Technology (NCET) and is reproduced here with the permission of the publishers.

To Clare Jennifer

Introduction

- This vocabulary book contains the words you need to know for GCSE.
- It has been prepared by a Chief Examiner with a major Exam Board.
- In their GCSE syllabuses all the Exam Boards have a list of about 1500 words: this list is called the Minimum Core Vocabulary.
- The exams are based on these lists.
- There are lots of differences between the lists of different Boards.
- This book tells you which word is listed by which Board.
- The first section of words, Numbers, Days, etc., is a section common to all Boards.
- Each Exam Board will use words outside its list for the more difficult questions – so you should try to learn all the words in this book.
- All the Exam Boards have the same topic areas: these areas are called the Areas of Experience.
- The words in this book have been categorised into the Areas of Experience which are the topic categories that all Boards use.
- There is also a section on IT vocabulary. These words are not on the Exam Boards' lists.

What you should do

1 Find out from your teacher which Exam Board you will be using.
2 Highlight and learn the words specified by your Board.
3 Concentrate on the Area of Experience that you are working on at school.
4 Remember that you will need to know more words than your Board's Minimum Core Vocabulary.
   Learn the words set down by the other Boards.
5 The more dots beside a word, the more that word is important. Learn the important words first.

T.P.M.

Contents

Important words

Useful words

Area of Experience A

Everyday activities

Area of Experience B

Personal and social life

Area of Experience C

The world around us

Area of Experience D

The world of work

Area of Experience E

The international world

Important words

WORDS COMMON TO ALL BOARDS

Numbers

die Zahlen	numbers
null	0
eins	1
zwei	2
drei	3
vier	4
fünf	5
sechs	6
sieben	7
acht	8
neun	9
zehn	10
elf	11
zwölf	12
dreizehn	13
vierzehn	14
fünfzehn	15
sechzehn	16
siebzehn	17
achtzehn	18
neunzehn	19
zwanzig	20
einundzwanzig	21
zweiundzwanzig	22
dreißig	30
vierzig	40
fünfzig	50
sechzig	60
siebzig	70
achtzig	80
neunzig	90
hundert	100
hunderteins	101
hundertzwei	102
zweihundert	200
tausend	1000

tausendeins	1,001
fünftausend	5,000
eine Million	1,000,000
die Ordinalzahlen	ordinal numbers
erste	first
zweite	second
dritte	third
vierte	fourth
fünfte	fifth
sechste	sixth
sieb(en)te	seventh
achte	eighth
neunte	ninth
zehnte	tenth
elfte	eleventh
zwölfte	twelfth
dreizehnte	thirteenth
vierzehnte	fourteenth
fünfzehnte	fifteenth
sechzehnte	sixteenth
siebzehnte	seventeenth
achtzehnte	eighteenth
neunzehnte	nineteenth
zwanzigste	twentieth
einundzwanzigste	twenty-first
fünfzigste	fiftieth
hundertste	hundredth

Days

die Tage der Woche	the days of the week
Montag	Monday
Dienstag	Tuesday
Mittwoch	Wednesday
Donnerstag	Thursday
Freitag	Friday
Samstag/Sonnabend	Saturday
Sonntag	Sunday
heute	today
gestern	yesterday
morgen	tomorrow
vorgestern	the day before yesterday
übermorgen	the day after tomorrow
am vorigen/vorhergehenden Tag	the day before
am nächsten/folgenden Tag	the next day

am Freitag	on Friday
dienstags	on Tuesdays
jeden Mittwoch	every Wednesday
morgens	in the morning
nachmittags	in the afternoon
abends	in the evening
nachts	at night

Months

die Monate	the months
Januar	January
Februar	February
März	March
April	April
Mai	May
Juni	June
Juli	July
August	August
September	September
Oktober	October
November	November
Dezember	December
im Dezember	in December

Date

Den wievielten haben wir heute?/	
Der wievielte ist heute?	What's the date today?
Wir haben den ersten Juni	It's the first of June
Es ist der zwanzigste	It's the twentieth
Es ist der siebente April	
neunzehnhundertsechsundneunzig	It's the seventh of April 1996

Seasons

die Jahreszeiten	the seasons
der Frühling	Spring
der Sommer	Summer
der Herbst	Autumn
der Winter	Winter
im Frühling/Sommer/	
Herbst/Winter	in Spring/Summer/Autumn/
	Winter

Time

die Zeit	the time
Wieviel Uhr ist es?/Wie spät ist es?	What's the time?
Es ist acht Uhr	It's eight o'clock

Es ist fünf (Minuten) nach drei/drei Uhr fünf	It's five minutes past three
Es ist Viertel nach/vor neun	It's a quarter past/to nine
Es ist halb fünf/vier Uhr dreißig	It's half past four
Es ist zwanzig vor sechs/fünf Uhr vierzig	It's twenty to six
Es ist Mittag/zwölf Uhr mittags	It's twelve noon
Es ist Mitternacht	It's midnight
morgens	a.m.
nachmittags	p.m.
abends	p.m.(after 5 p.m.)
um fünf Uhr morgens	at five in the morning

Prepositions

With Accusative

bis	until
durch	through
entlang	along
für	for
gegen	against
ohne	without
um	around, at (time)

With Dative

aus	from, out of
außer	apart from
bei	with, at the house of
gegenüber	opposite
mit	with
nach	to, after
seit	since, for
von	from, by
zu	to

With Accusative and Dative

an	at, to, in
auf	on, onto
hinter	behind
in	in, into
neben	next to
über	over, across, above
unter	under, among
vor	before, in front of
zwischen	between

With Genitive

statt	instead of
trotz	in spite of
während	during
wegen	because of

Conjunctions

Co-ordinating Conjunctions

aber	but
denn	for
oder	or
sondern	but
und	and

Subordinating Conjunctions

als	when
bevor	before
bis	until
da	since
damit	so that
daß	that
nachdem	after
obwohl	although
seitdem	since
während	whilst
weil	because
wenn	when, if
wo	where

Useful words

	MEG	NEAB	ULEAC	SEG	WJEC	NICCEA
Question words						
wann? — when?	•	•	•		•	•
warum? — why?	•	•	•			•
was für? — what sort of?	•		•			•
was? — what?	•	•	•			•
welche? — which?	•	•	•			•
wer? — who?	•	•	•		•	
wie lange? — how long?					•	
wie weit? — how far?						•
wie? — how?	•	•	•		•	
wieviel(e)? — how much? how many?		•	•		•	
wo ... her? — where from?	•	•				
wo? — where?	•	•	•			•
woher? — where from?	•	•			•	•
wohin? — where to?	•	•			•	•
Quantities						
anderthalb — one and a half	•				•	
die Anzahl — number				•		
ein Bißchen — a little	•	•	•	•	•	
das Gramm (-e) — gram	•	•		•	•	•
halb — half	•	•		•	•	•
die Hälfte — half				•	•	
der Haufen (-) — pile, heap						•
das Kilo (-s) — kilo	•	•	•			•
der Kilometer (-) — kilometer			•	•		
der/das Liter (-) — litre	•	•	•			•
die Meile (-n) — mile	•	•				
die meisten — most				•		•
der/das Meter (-) — meter	•	•				
ein paar — a few	•	•	•	•	•	•
das Paar (-e) — pair				•		•
die Portion (-en) — portion	•				•	•
das Prozent (-e) — percent						•
die Tube (-n) — tube (e.g. toothpaste)	•					

		MEG	NEAB	ULEAC	SEG	WJEC	NICCEA
das Viertel (-)	quarter	•	•	•	•	•	•
der/das Zentimeter	centimetre		•		•		

Negatives

		MEG	NEAB	ULEAC	SEG	WJEC	NICCEA
nicht	not	•	•		•		•
nicht mehr	no longer		•				
nichts	nothing	•	•		•	•	•
nie	never	•	•	•	•	•	•
niemand	nobody	•		•		•	•
weder ... noch	neither ... nor			•			

Other words

		MEG	NEAB	ULEAC	SEG	WJEC	NICCEA
aber	but	•	•	•		•	•
alles	everything						•
als	when	•		•		•	•
also	so	•	•	•			•
außerdem	otherwise			•			
beide	both	•	•	•	•		•
d.h. (das heißt)	i.e. (that is)		•				•
damit	so that	•					•
denn	for, because			•		•	•
doch	but, however	•	•		•		•
ebenso	just as	•		•	•		
einander	one another				•		
einschl.	inclusive		•				
entweder ... oder	either ... or			•			•
etwas	something	•	•	•	•	•	•
hochachtungsvoll	yours faithfully	•		•	•	•	
jedoch	however						•
jemand	someone	•		•		•	
jener	that	•					
los	loose, off	•	•		•	•	
mal	just	•	•	•		•	•
man	one			•		•	
nun	now, well	•	•	•	•		
obgleich	although						•
obwohl	although						•
oder	or	•	•	•		•	•
pro	per	•	•				
selbst	oneself	•	•				

		MEG	NEAB	ULEAC	SEG	WJEC	NICCEA
so	well	•	•			•	•
sogar	even	•	•		•		
sondern	but	•					•
trotzdem	nevertheless						•
und	and	•					
usw. (und so weiter)	and so on	•	•				•
vielleicht	perhaps	•	•	•	•	•	•
weil	because	•		•		•	•
z.B. (zum Beispiel)	for example		•	•	•		•
zwar	in fact					•	

Modal verbs

		MEG	NEAB	ULEAC	SEG	WJEC	NICCEA
dürfen	to be allowed to	•	•	•		•	•
können	to be able to	•	•	•		•	•
mögen	to like to	•	•	•			•
müssen	to have to	•	•	•		•	•
sollen	to ought to	•	•	•			•
wollen	to want to	•	•	•		•	•

Everyday activities

HOME LIFE

At home

		MEG	NEAB	ULEAC	SEG	WJEC	NICCEA
der Abfall (¨e)	litter						•
die Adresse (-n)	address	•	•	•		•	•
der Besitzer (-)	owner						•
das Bild (-er)	picture	•		•	•	•	•
der Boden (¨e)	floor	•		•			•
die Bürste (-n)	brush	•			•		•
das Dach (¨er)	roof			•			•
die Decke (-n)	ceiling				•		•
die Diele (-n)	floorboard				•	•	
das Fenster (-)	window	•		•	•	•	•
der Fußboden (¨e)	floor	•		•	•	•	
die Gardine (-n)	curtain						•
das Gemälde (-)	painting						•
der Haken (-)	hook, peg				•		
das Haus (¨er)	house	•	•	•	•		•
die Hausarbeit	housework			•			
der Haushalt (-e)	household	•		•		•	
der Hausmeister (-)	caretaker	•				•	
die Hausnummer (-n)	house number	•					
die Heizung (-en)	heating (radiator)			•	•	•	•
der Käfig (-e)	cage				•		
die Kerze (-n)	candle						•
der Knopf (¨e)	button, knob	•		•	•	•	•
der Komfort	comfort, luxury	•					
der Korb (¨e)	basket				•		
die Lampe (-n)	lamp	•	•	•	•	•	•
das Licht (-er)	light	•		•	•	•	•
die Möbel (pl)	furniture			•			•
das Möbelstück (-e)	piece of furniture						•

		MEG	NEAB	ULEAC	SEG	WJEC	NICCEA
der Müll	rubbish		•				
der Mülleimer	rubbish bin						•
der Nagel (÷)	nail		•				
die Ordnung	order, tidiness	•				•	
das Parterre	ground floor	•			•		
das Pflaster (-)	plaster, pavement			•			•
das Porzellan	porcelaine					•	
das Regal (-e)	shelf			•	•	•	•
die Schachtel (-n)	box	•	•	•		•	•
die Schere (-n)	scissors			•			•
das Schloß (÷sser)	lock	•	•	•	•	•	•
der Schrank (÷e)	cupboard	•	•	•		•	•
die Steckdose (-n)	electric socket	•					
der Strom	electricity						•
die Stufe (-n)	step				•		
das Tor (-e)	gate			•		•	•
die Treppe (-n)	stairs	•	•	•	•	•	•
das Tuch (÷er)	cloth			•			
die Tür (-en)	door	•	•	•		•	•
die Uhr (-en)	clock, watch, hour	•	•	•	•	•	
der Vorhang (÷e)	curtains			•	•	•	
die Wand (÷e)	wall	•		•	•	•	•
die Wäsche	washing	•		•		•	
die Zentralheizung	central heating	•		•	•	•	

The rooms

		MEG	NEAB	ULEAC	SEG	WJEC	NICCEA
das Badezimmer (-)	bathroom	•			•	•	•
der Balkon (-s)	balcony					•	•
der Dachboden (÷)	attic				•	•	•
das Eßzimmer (-)	dining room	•	•	•		•	•
der Flur (-e)	corridor, hall	•				•	•
die Garage (-n)	garage		•	•			•
der Keller (-)	cellar	•		•	•	•	•
die Küche (-n)	kitchen	•	•	•	•	•	•
das Schlafzimmer (-)	bedroom	•	•	•		•	•
das Untergeschoß (-sse)	cellar, basement					•	•
die Wäscherei (-en)	laundry room			•			
der Weinkeller (-)	wine cellar	•					
das Wohnzimmer (-)	living room	•	•		•		•
das Zimmer (-)	room	•	•	•	•	•	•

		MEG	NEAB	ULEAC	SEG	WJEC	NICCEA
Materials							
die Baumwolle	cotton	•	•			•	•
das Eisen	iron					•	
das Gold	gold					•	
aus Holz	made of wood				•	•	
das Holz (⁻er)	wood	•				•	•
der Karton (-s)	cardboard			•			
das Leder	leather		•	•	•	•	•
das Metal (-le)	metal	•					
das Perlon	nylon						•
das Plastik	plastic			•			
die Seide	silk			•			
das Silber	silver			•		•	
der Stoff (-e)	material			•		•	•
die Wolle	wool			•	•	•	•
Adjectives							
bequem	comfortable	•		•	•	•	•
elektrisch	electric						•
Elektro-	electric ...				•		
entfernt	distant	•		•	•	•	
fern	distant				•		
gemütlich	comfortable/cosy			•	•	•	•
möbliert	furnished					•	•
modern	modern	•	•				•
modisch	fashionable			•			
neu	new	•		•	•	•	•
ordentlich	tidy					•	
praktisch	practical, convenient	•			•	•	•
schmutzig	dirty	•	•	•	•	•	•
schön	beautiful	•	•	•	•	•	•
unordentlich	untidy					•	
Verbs							
abheben (sep)	to lift (e.g. lid, hat)						•
ablegen (sep)	to put down					•	•
abschließen	to lock up	•					
anmachen (sep)	to turn on (e.g. light)	•					•
anschnallen	to snap on, to fasten				•		
anstreichen (sep)	to paint						•

		MEG	NEAB	ULEAC	SEG	WJEC	NICCEA
anzünden	to light						•
aufpassen (sep) (auf)	to take care of	•	•	•	•	•	•
aufschließen (sep)	to unlock						•
ausmachen (sep)	to turn off (e.g. light)	•		•			•
ausschalten (sep)	to switch off			•			•
drücken	to press, to push	•		•		•	•
einschalten (sep)	to switch on			•			•
hängen	to hang			•	•		•
heizen	to heat				•		•
kaufen	to buy	•	•	•	•	•	•
klingeln	to ring	•		•	•	•	•
lassen	to let, to allow	•		•	•		•
mähen	to mow						•
malen	to paint			•	•	•	•
nehmen	to take	•	•	•	•	•	•
pflücken	to pick , to pluck			•			
sitzen	to sit	•		•	•	•	•
sitzenbleiben (sep)	to remain seated			•			•
stecken	to put	•			•		•
stellen	to place, to put	•			•		
streichen	to stroke, to paint, to cross out						•
umziehen (sep)	to move house				•	•	•

The living room

		MEG	NEAB	ULEAC	SEG	WJEC	NICCEA
der Aschenbecher (-)	ashtray				•	•	•
das Bücherregal (-e)	bookshelf					•	
das Büfett (-e)	sideboard					•	
die Computeranlage (-n)	computer equipment					•	
der Fernseher (-)	TV set		•	•		•	•
das Kissen (-)	cushion					•	•
der Lehnstuhl (¨e)	armchair					•	•
das Radio (-s)	radio			•			
der Schreibtisch (-e)	desk				•		
der Sessel (-)	armchair	•	•	•		•	•
das Sofa (-s)	sofa	•	•				
die Stehlampe (-n)	standard lamp					•	
die Stereoanlage (-n)	stereo	•	•			•	•
die Tapete (-n)	wallpaper					•	•

German	English	MEG	NEAB	ULEAC	SEG	WJEC	NICCEA
der Teppich(-e)	carpet			•	•	•	•
das Videogerät (-e)	video recorder					•	

The bedroom

German	English	MEG	NEAB	ULEAC	SEG	WJEC	NICCEA
das Bett (-en)	bed	•	•	•	•	•	•
das Bettuch (¨er)	sheet						•
die Bettwäsche	bed linen						•
das Bettzeug	bedding	•					
die Decke (-n)	blanket					•	•
das Federbett (-en)	quilt, duvet						•
die Garderobe (-n)	wardrobe	•				•	•
die Haarbürste (-n)	hairbrush					•	
der Kleiderschrank (¨e)	wardrobe	•	•			•	
das Kopfkissen (-)	pillow				•		
in Ordnung	in order					•	
das Plakat (-e)	poster					•	
der Wecker (-)	alarm clock	•		•	•	•	•

The bathroom

German	English	MEG	NEAB	ULEAC	SEG	WJEC	NICCEA
das Bad (¨er)	bath	•	•		•	•	•
das Badetuch (¨er)	bath towel					•	
die Badewanne (-n)	bath(tub)					•	
die Dusche (-n)	shower	•	•		•	•	•
das Handtuch (¨er)	handtowel	•	•	•	•	•	•
der Kamm (¨e)	comb				•	•	•
das kölnisch Wasser	eau de Cologne	•					
das Parfüm (-s)	perfume					•	
der Rasierapparat (-e)	electric razor	•			•	•	•
der Schwamm (¨e)	sponge					•	
die Seife(-n)	soap	•	•	•	•	•	
der Spiegel (-)	mirror				•	•	•
die Toilette (-n)	toilet	•	•	•		•	•
das Toilettenpapier	toilet paper	•					
das Waschbecken (-)	wash basin					•	•
die Zahnbürste (-n)	toothbrush						•
die Zahncreme (-)	toothpaste					•	
die Zahnpasta (-)	toothpaste	•	•			•	•

Routine verbs

German	English	MEG	NEAB	ULEAC	SEG	WJEC	NICCEA
abnehmen (sep)	to take off, to remove			•	•		•

	MEG	NEAB	ULEAC	SEG	WJEC	NICCEA
anhaben (sep) — to wear (dresses, trousers etc)		•	•	•		•
sich anziehen (sep) — to get dressed		•	•	•		•
aufhaben (sep) — to have on, to wear (hats, caps etc)						•
aufstehen (sep) — to get up	•		•	•	•	•
aufwachen (sep) — to wake up	•		•	•	•	•
sich ausschlafen — to have a good sleep						•
sich ausziehen (sep) — to get undressed			•	•	•	•
sich bürsten — to brush				•		
sich die Zähne putzen — to clean one's teeth						•
duschen — to shower	•	•	•		•	•
einschlafen (sep) — to fall asleep			•	•		•
frühstücken — to have breakfast	•					•
sich kämmen — to comb one's hair			•	•	•	
sich rasieren — to shave	•					•
schlafen — to sleep	•		•	•	•	•
sich schminken — to put on make-up			•	•		
schneiden — to cut	•		•	•	•	•
tragen — to carry, to wear	•		•	•	•	•
sich umziehen (sep) — to change clothes			•	•		•
verschlafen — to oversleep						•
wecken — to wake			•	•	•	

The kitchen

	MEG	NEAB	ULEAC	SEG	WJEC	NICCEA
der Becher (-) — mug		•				
der Dosenöffner (-) — tin-opener	•					
der Eisschrank (¨e) — fridge						•
das Gas (-e) — gas					•	•
das Geschirr — crockery			•	•		•
der Geschirrspülautomat (-en) — dishwasher		•				
der Herd (-e) — cooker, oven	•	•	•		•	•
der Kalender (-) — calendar				•		
der Kühlschrank (¨e) — fridge	•	•	•	•	•	•
der Lappen (-) — cloth, rag				•		
das Mehl — flour			•			
der Mikroherd (-e) — microwave oven				•		
die Mikrowelle(-n) — microwave(s)			•	•		
der Ofen (¨) — oven			•			•

		MEG	NEAB	ULEAC	SEG	WJEC	NICCEA
die Pfanne (-n)	pan			•			
das Rezept (-e)	recipe		•			•	•
die Schüssel (-n)	dish	•					•
die Spülmaschine (-n)	dishwasher			•	•		•
der Stuhl (¨e)	chair	•	•	•	•	•	•
die Tiefkühltruhe (-n)	deep-freeze						•
der Tisch (-e)	table	•		•	•	•	•
der Topf (¨e)	pot, saucepan			•	•		•
der Wandschrank (¨e)	wall cupboard					•	
die Waschmaschine (-n)	washing machine	•	•	•	•	•	•
der Wischlappen (-)	cloth, floorcloth					•	

The garden

		MEG	NEAB	ULEAC	SEG	WJEC	NICCEA
der Baum (¨e)	tree	•		•	•	•	•
die Blume (-n)	flower	•		•	•	•	•
der Garten (¨)	garden	•	•	•	•	•	•
das Gras (¨er)	grass	•		•	•	•	•
die Hütte (-n)	hut					•	
das Loch (¨er)	hole				•	•	•
die Nelke (-n)	carnation						•
die Pflanze (-n)	plant	•		•	•		•
der Rasen (-)	lawn			•	•	•	•
der Rasenmäher (-)	lawnmower						•
die Rose (-n)	rose					•	•
der Stein (-e)	stone	•		•	•	•	
die Tulpe (-n)	tulip						•
das Unkraut	weed						•
der Zaun (¨e)	fence						•

Pets

		MEG	NEAB	ULEAC	SEG	WJEC	NICCEA
der Goldfisch (-e)	goldfish	•					
das Haustier (-e)	pet	•	•	•	•	•	
der Hund (-e)	dog	•	•	•	•	•	•
der Kanarienvogel (¨)	canary					•	
das Kaninchen (-)	rabbit	•	•	•	•	•	•
die Katze (-n)	cat	•	•	•	•	•	•
das Meerschweinchen (-)	guinea pig		•	•		•	
die Schildkröte (-n)	tortoise	•		•			
der Wellensittich (-e)	budgerigar	•	•	•		•	

The housework

		MEG	NEAB	ULEAC	SEG	WJEC	NICCEA
das Bügeleisen (-)	iron						•
der Staubsauger (-)	vacuum cleaner					•	•
das Waschpulver (-)	washing powder					•	•

Verbs

		MEG	NEAB	ULEAC	SEG	WJEC	NICCEA
abräumen	to tidy up	•		•	•	•	
abspülen (sep)	to wash up		•				
abstauben (sep)	to dust			•			
abtrocken (sep)	to dry up			•	•	•	•
abwaschen (sep)	to wash up			•			•
aufräumen	to tidy up			•	•	•	•
backen	to bake	•		•			
braten	to fry, to roast			•	•	•	
bügeln	to iron						•
decken	to cover, to lay (the table)	•	•	•	•	•	
kochen	to cook	•	•	•	•		•
nähen	to sew	•		•	•	•	
putzen	to clean			•	•	•	•
reinigen	to clean						•
reparieren	to repair	•			•	•	•
schälen	to peel				•		
spülen	to rinse				•		•
trocknen	to dry				•		
waschen	to wash	•	•	•	•	•	•

Houses

		MEG	NEAB	ULEAC	SEG	WJEC	NICCEA
das Appartement (-s)	appartment						•
der Block (¨e)	block (e.g. of flats)						•
der Bungalow (-s)	bungalow			•			
das Doppelhaus (¨er)	semi-detached house			•		•	
das Einfamilienhaus (¨er)	detached house	•	•			•	•
das Fachwerk	half-timbering					•	
das Hochhaus (¨er)	high-rise building	•				•	•
das Reihenhaus (¨er)	terraced house	•	•			•	•
der Wohnblock (¨e)	block of flats					•	
die Wohnung (-en)	flat		•	•	•	•	•

School

In class

German	English	MEG	NEAB	ULEAC	SEG	WJEC	NICCEA
das Abitur	A-level exam	•	•	•			•
die Abschlußprüfung (-en)	school-leaving exam	•					
die Ahnung (-en)	idea, presentiment	•	•	•			
der Anfang (¨e)	beginning	•		•		•	•
die Antwort (-en)	answer	•	•	•		•	•
die Aufgabe (-n)	exercise	•		•			
der Aufsatz (¨e)	essay			•		•	•
der Ausdruck (¨e)	expression			•			
der Ausgang (¨e)	exit	•		•		•	•
der Austausch (-e)	school exchange	•	•	•		•	•
das Beispiel (-e)	example	•		•		•	•
die Beschreibung (-en)	description			•			
das Ende	end	•	•	•		•	•
zu Ende	at an end			•			
der Erfolg (-e)	success						•
die Erlaubnis (-isse)	permission, permit					•	•
das Examen (-)	exam					•	•
das Fach (¨er)	subject	•	•	•	•	•	•
der Fehler (-)	mistake					•	•
die Ferien (pl)	holidays	•	•	•	•	•	•
die Frage (-n)	question	•	•			•	•
die Ganztagsschule (-n)	all-day schooling			•			
das Geräusch (-e)	noise			•			
die Hausaufgabe (-n)	homework	•	•	•	•		•
hitzefrei	time off school because of heat			•			
die Idee (-n)	idea	•	•	•	•	•	
die Klasse (-n)	class	•	•	•	•	•	•
die Klassenarbeit (-en)	class test	•					
die Klassenfahrt (-en)	class trip			•			
der Klassenkamarad (-en)	class friend	•					
der Krach (-)	din, racket					•	
die Kreide (-n)	chalk					•	•
der Kreis (-e)	circle			•			•
der Lärm (-)	noise	•		•		•	•

		MEG	NEAB	ULEAC	SEG	WJEC	NICCEA
die Leistung (-en)	achievement, performance				•		
die Leitung (-en)	guidance				•		
die Linie (-n)	line			•		•	•
die Mittagspause (-n)	lunch time	•	•				
die Mittlere Reife	GCSE (German equivalent)						•
die Mühe (-)	trouble						•
die Note (-n)	mark	•	•	•	•	•	•
die Oberstufe (-n)	sixth-form			•	•		•
die Pause (-n)	break	•	•	•	•	•	•
das Pflichtfach (¨er)	compulsory subject						•
die Prüfung (-en)	test, exam		•	•	•	•	•
der Punkt (-e)	point, mark (in exam)					•	•
die Regel (-n)	rule	•					
die Rolle (-n)	role					•	
der Schluß (-)	end				•		
die Schulaufgaben (pl)	homework					•	
die Seite (-n)	side, page	•		•	•	•	•
das Semester (-)	term	•		•			
die Strafarbeit (-en)	extra work at school					•	
der Studienplatz (¨e)	place to study						•
die Stunde (-n)	lesson	•	•	•	•	•	•
der Stundenplan (¨e)	timetable	•		•	•	•	•
die Tafel (-n)	board, blackboard	•		•	•	•	•
die Taste (-n)	key, button			•			
das Teil (-e)	part			•			
der Titel (-)	title						•
die Übung (-en)	exercise	•		•	•	•	
die Unterprima	lower sixth						•
der Unterricht	lessons		•	•	•	•	
die Verbesserung (-en)	improvement			•			
die Verpflegung (-en)	catering			•			•
die Vocabel (-n)	word						•
die Weiterbildung	Further Education						•
das Wort (-e) or (¨er)	word	•		•	•	•	•
die Zahl (-en)	number			•			
das Zeugnis (-se)	report (e.g. school report)	•				•	

Subjects

German	English	MEG	NEAB	ULEAC	SEG	WJEC	NICCEA
die Biologie	biology	•	•	•			•
die Chemie	chemistry	•	•	•	•	•	•
die Erdkunde	geography	•	•	•	•	•	•
die Fremdsprache (-n)	foreign language	•	•				•
die Geographie	geography			•			•
die Geschichte	history	•	•	•	•	•	•
die Handarbeit	needlework	•					
die Hauswirtschaft	home economics					•	•
die Informatik	IT	•	•	•	•	•	•
das Kochen	cookery						•
die Kunst	art	•	•	•		•	•
Latein	Latin	•					•
das Maschineschreiben	typing						•
Mathe	maths	•	•	•	•	•	
die Mathematik	maths		•			•	•
das Nähen	needlework						•
die Naturwissenschaft (-en)	science	•	•		•	•	•
Physik	physics	•	•	•		•	•
die Regionslehre	religious education					•	
die Religion	religion				•		•
die Sozialkunde	social studies				•	•	
die Sozialwissenschaften	social sciences						•
die Sprache (-n)	language				•	•	•
die Stenographie	shorthand						•
die Technik	technology	•	•	•			
das Turnen	gymnastics			•	•	•	•
das Wahlfach (¨er)	optional subject					•	•
Werken	handicraft				•		
die Wirtschaftslehre	economics					•	
die Wirtschaftswissenschaft	economics						•

Adjectives

German	English	MEG	NEAB	ULEAC	SEG	WJEC	NICCEA
mündlich	oral					•	
richtig	correct	•	•	•	•	•	•
schulfrei	school holiday					•	
schwierig	difficult				•	•	
schwer	difficult, heavy	•			•	•	
streng	severe, strict	•			•	•	•

The places

		MEG	NEAB	ULEAC	SEG	WJEC	NICCEA
die Aula (-s)	assembly hall	•					
die Berufschule (-n)	technical college						•
die Fachhochschule (-n)	college						•
der Gang (-̈e)	corridor			•		•	•
die Gesamtschule (-n)	comprehensive school	•	•	•	•	•	•
die Grundschule (-n)	primary school	•		•	•	•	•
das Gymnasium (-ien)	grammar school	•		•	•	•	•
die Hauptschule (-n)	secondary modern school	•			•		•
die Hochschule (-n)	technical college, university				•		
der Hof (-̈e)	playground	•					•
das Internat (-e)	boarding school					•	
die Kantine (-n)	canteen		•	•	•		
der Kindergarten (-̈)	nursery school						•
das Klassenzimmer (-)	classroom				•		•
das Labor (-s)	lab, laboratory					•	•
das Lehrerzimmer (-)	staffroom	•					•
die Realschule (-n)	secondary school	•	•		•		•
der Saal (Säle)	hall			•	•		
die Schule (-n)	school	•	•	•	•		•
der Schulhof (-̈e)	playground			•	•	•	•
der Speisesaal (-̈ale)	dining hall/room	•				•	•
der Sportplatz (-̈e)	sportsfield			•	•		•
das Sprachlabor (-e)	language lab						•
die Stube (-n)	study						•
die Turnhalle (-n)	gymnasium			•	•	•	•
die Universität (-en)	university	•	•	•			•
die Volkshochschule (-n)	adult education centre						•

The equipment

		MEG	NEAB	ULEAC	SEG	WJEC	NICCEA
das Blatt (-̈er)	sheet of paper, page					•	•
der Bleistift (-e)	pencil	•	•	•	•	•	•
der Farbstift (-e)	colour pencil					•	
der Filzstift (-e)	felt tip pencil					•	•
der Füller (-)	fountain pen			•		•	•
das Heft (-e)	exercise book	•	•	•	•	•	•
der Kugelschreiber (-)	biro		•	•	•	•	•
der Kuli (-s)	biro	•	•	•	•	•	•

		MEG	NEAB	ULEAC	SEG	WJEC	NICCEA
das Lineal (-e)	ruler			•	•	•	•
das Papier (-e)	paper	•	•	•	•	•	•
der Radiergummi (-s)	rubber					•	
das Schulbuch (-̈er)	schoolbook	•					
die Schulmappe (-n)	school bag					•	
der Stift (-e)	pencil					•	
der Tageslichtprojektor (-en)	overhead projector			•			
der Taschenrechner (-)	pocket calculator				•	•	
die Tinte (-n)	ink						•
das Wörterbuch (-̈er)	dictionary	•	•	•		•	

The people

		MEG	NEAB	ULEAC	SEG	WJEC	NICCEA
der Direktor (-en)	headmaster	•		•	•		•
der Klassensprecher (-)	class representative					•	•
der Lehrer (-)	teacher	•	•	•	•	•	•
die Operprima	upper sixth						•
der/die Rektor/in	headteacher						•
der Schuldirektor (-en)	headmaster				•		
der Schüler (-)	schoolboy	•	•	•	•	•	•
der Student (-en)	student			•	•		•

Verbs

		MEG	NEAB	ULEAC	SEG	WJEC	NICCEA
abschreiben	to copy (in an exam)					•	
anfangen (sep)	to begin	•	•	•		•	•
ankreuzen (sep)	to mark with a cross				•		
antworten	to answer	•	•	•	•		•
aufhören (sep)	to stop, to give up	•		•	•		
aufmachen (sep)	to open	•	•	•	•	•	•
aufschreiben (sep)	to write down					•	
auskommen mit (sep)	to manage				•		
beachten	to heed, to observe						•
beantworten	to answer	•		•		•	•
beginnen	to begin	•	•	•	•		•
benutzen	to use				•		
buchstabieren	to spell		•	•	•		•
dransein (sep)	to take one's turn	•				•	
durchfallen (sep)	to fail (e.g. an exam)	•	•				•
enden	to end		•			•	•
erlauben	to allow	•		•		•	•
erreichen	to achieve, to reach	•		•		•	•

		MEG	NEAB	ULEAC	SEG	WJEC	NICCEA
finden	to find	•		•	•	•	•
hören	to hear	•	•		•	•	•
kapieren	to understand	•					
kopieren	to copy			•	•		
korrigieren	to correct			•			•
sich langweilen	to be bored			•			
lernen	to learn	•	•	•	•	•	•
nachsitzen (sep)	to be kept in					•	
rechnen	to calculate			•		•	•
reichen	to reach, to be sufficient	•		•		•	•
schaffen	to pass (exam), to manage						•
schließen	to close, to finish	•	•	•	•		•
Schluß machen	to finish					•	
schreiben	to write	•	•	•	•	•	•
schwänzen	to play truant					•	
sitzenbleiben (sep)	to repeat a year				•		•
starten	to start	•			•		
stehen	to stand	•		•	•	•	•
stimmen	to be correct	•	•	•	•	•	
studieren	to study	•	•	•	•		
teilen	to share	•			•	•	
teilnehmen an	to take part in					•	
tun	to do	•		•	•	•	•
übersetzen	to translate					•	•
umdrehen	to turn over					•	
sich umdrehen	to turn round					•	
verbessern	to improve				•	•	•
verbieten	to forbid			•			•
verbinden	to connect			•			•
verbringen	to spend (time)	•		•	•	•	
verfügen	to have at one's disposal					•	
vergessen	to forget	•	•	•	•	•	•
verlassen	to leave	•		•	•	•	
vernachlässigen	to neglect					•	
verstehen	to understand	•	•		•	•	•
versuchen	to try	•		•	•	•	•
vorbereiten	to prepare	•		•		•	•
weiterstudieren (sep)	to continue studying			•			
wiederholen	to repeat	•	•	•	•	•	•

	MEG	NEAB	ULEAC	SEG	WJEC	NICCEA
zeigen — to show	•	•	•	•	•	•
zugreifen (sep) — to help oneself				•		
zuhören (sep) — to listen	•	•	•	•		•

FOOD AND DRINK

Meals

	MEG	NEAB	ULEAC	SEG	WJEC	NICCEA
das Abendbrot (-e) — supper					•	•
das Abendessen (-) — evening meal	•	•	•		•	•
das Frühstück (-e) — breakfast	•	•	•	•	•	•
die Mahlzeit (-en) — meal, mealtime	•		•	•	•	•
das Mittagessen (-) — lunch	•	•	•	•	•	•
das Picknick (-s) — picnic	•					•
der Schnellimbiß (-sse) — snack	•		•		•	
die Vorspeise (-n) — starter			•	•		•

Vegetables

	MEG	NEAB	ULEAC	SEG	WJEC	NICCEA
der Blumenkohl — cauliflower			•	•	•	•
die Bohne (-n) — green bean					•	•
die Bratkartoffel (-n) — fried potato	•		•		•	
der Champignon (-s) — mushroom			•			
die Erbse (-n) — pea			•	•	•	•
das Gemüse — vegetables	•	•	•	•	•	•
die Karotte (-n) — carrot			•	•	•	
die Kartoffel (-n) — potato	•	•	•	•	•	•
der Kohl(-e) — cabbage			•	•	•	•
der Kopfsalat (-e) — lettuce	•				•	•
der Pilz (-e) — mushroom					•	•
Pommes frites — chips	•	•	•	•	•	
der Reis — rice	•		•	•	•	•
der Rosenkohl — Brussel sprout					•	•
der Rotkohl — red cabbage					•	•
die Salzkartoffel (-n) — boiled potato	•				•	
das Sauerkraut — pickled cabbage				•	•	•
die Zwiebel (-n) — onion				•	•	•

Fruit

	MEG	NEAB	ULEAC	SEG	WJEC	NICCEA
die Ananas (-) — pineapple			•		•	•
der Apfel (¨) — apple	•	•	•	•	•	•

		MEG	NEAB	ULEAC	SEG	WJEC	NICCEA
die Apfelsine -(n)	orange	•	•	•	•	•	•
die Aprikose (-n)	apricot		•	•		•	•
die Banane (-n)	banana	•	•	•		•	•
die Birne (-n)	pear			•	•	•	•
die Erdbeere (-n)	strawberry	•	•	•	•	•	•
die Himbeere (-n)	raspberry	•		•	•	•	•
die Kirsche (-n)	cherry	•	•	•	•	•	•
das Obst	fruit	•	•	•	•	•	•
die Orange (-n)	orange	•	•	•			•
die Pampelmuse (-n)	grapefruit						•
der Pfirsich (-e)	peach	•	•	•	•	•	•
die Pflaume (-n)	plum	•		•	•	•	•
die rote Johanisbeere (-n)	redcurrant						•
die schwarze Johanisbeere (-n)	blackcurrant						•
die Stachelbeere (-n)	gooseberry						•
die Tomate (-n)	tomato	•	•	•			•
die Traube (-n)	grape				•	•	•
die Weintraube (-n)	grape	•					
die Zitrone (-n)	lemon	•		•	•	•	•

Meat

		MEG	NEAB	ULEAC	SEG	WJEC	NICCEA
der Braten (-)	roast (i.e. a roast dish)					•	
das Brathähnchen (-)	roast chicken	•					
das Fleisch	meat	•		•	•	•	•
das Geflügel	poultry						•
das Hähnchen (-)	chicken	•	•	•	•	•	•
das Kalbfleisch	veal				•	•	•
das Kotelett (-e)	chop	•		•	•	•	•
das Lammfleisch	lamb					•	
die Leber (-n)	liver	•					
das Rindfleisch	beef	•		•	•	•	•
der Schinken (-)	ham		•	•	•	•	•
der Schnitzel (-)	cutlet			•	•	•	•
das Schweinefleisch	pork	•		•	•	•	•
der Speck (-e)	bacon				•	•	•

On the table

		MEG	NEAB	ULEAC	SEG	WJEC	NICCEA
das Besteck (-e)	cutlery			•		•	•
der Essig	vinegar			•		•	•

		MEG	NEAB	ULEAC	SEG	WJEC	NICCEA
die Flasche (-n)	bottle	•	•	•	•	•	•
die Gabel (-n)	fork	•	•	•	•	•	•
das Gewürz (-e)	spice						•
das Glas (¨er)	glass	•	•	•	•	•	•
die Kaffeekanne (-n)	coffeee pot	•					
das Kännchen (-)	little pot (for tea or coffee)	•		•	•	•	•
der Ketchup	ketchup						•
der Krug (¨e)	jug, pitcher						•
der Löffel (-)	spoon	•	•	•	•	•	•
das Messer (-)	knife	•	•	•	•	•	•
der Pfeffer	pepper		•	•	•	•	•
das Salz	salt		•	•	•	•	•
der Senf (-e)	mustard		•	•	•	•	•
die Soße (-n)	sauce	•			•	•	•
die Tasse (-n)	cup	•	•	•	•		•
die Teekanne (-n)	teapot	•					
der Teller (-)	plate	•		•	•	•	•
die Untertasse (-n)	saucer	•			•		•
der Zucker	sugar	•	•	•	•	•	•

At the snack bar

		MEG	NEAB	ULEAC	SEG	WJEC	NICCEA
der Aufschnitt	cold meat	•			•		
ein belegtes Brot (-e)	open sandwich	•			•	•	•
die Bockwurst (¨e)	sausage	•	•		•	•	•
das Bonbon (-s)	sweet			•	•	•	•
die Bratwurst (¨e)	sausage	•	•	•		•	•
das Brot (-e)	bread	•	•	•	•	•	•
das Brötchen (-)	bread roll	•	•	•	•	•	•
die Butter	butter	•	•	•			•
das Butterbrot (-e)	sandwich	•			•	•	
die Chips	crisps	•	•		•	•	
die Currywurst (¨e)	curried sausage	•	•		•	•	
das Ei (-er)	egg	•	•	•	•	•	•
der Eintopf (¨e)	stew				•		
das Eis (-e)	ice cream	•	•	•		•	•
die Erfrischung (-en)	refreshment				•	•	
der Erfrischungsstand (¨e)	refreshment stall					•	
die Frikadelle (-n)	rissole			•			
das Gebäck (-e)	biscuits			•			

		MEG	NEAB	ULEAC	SEG	WJEC	NICCEA
das Graubrot (-e)	bread made from more than one type of flour					•	
der Hamburger	hamburger					•	
der Honig	honey	•		•			
der Imbiß (-sse)	snack			•			•
die Imbißstube (-n)	snackbar	•		•	•	•	
der Käse (-)	cheese	•	•	•	•	•	•
der Kaugummi (-s)	chewing gum	•	•		•	•	
das Keks (-e)	biscuit	•	•		•	•	
das Kompott (-e)	stewed fruit	•			•	•	
der Kuchen	cake	•	•	•	•	•	•
die Leberwurst (¨e)	liver sausage			•			•
die Margarine	margarine			•			
die Marmelade (-n)	jam	•		•	•	•	•
die Nudel (-n)	noodle						•
die Nuß (¨sse)	nut			•			
das Omelett (-s)	omelette	•		•		•	
die Praline (-n) (-s)	chocolate	•	•	•		•	•
das Rührei (-er)	scrambled egg					•	
der Salat (-e)	salad	•		•	•	•	•
die Schokolade (-n)	chocolate	•	•	•	•	•	•
das Schwarzbrot (-e)	black bread			•	•		
die Semmel (-n)	roll			•			
das Spiegelei (-er)	fried egg		•	•	•		
die Süßigkeiten (pl)	sweets			•			
die Trinkhalle (-n)	refreshment kiosk					•	
die Wurst (¨e)	sausage	•	•	•	•	•	•
das Würstchen (-)	small sausage	•	•	•			

Desserts

		MEG	NEAB	ULEAC	SEG	WJEC	NICCEA
die Creme	cream	•					•
der Eisbecher (-)	ice-cream sundae	•			•		
die Frucht (¨e)	fruit			•			
der/das Joghurt (-s)	yoghurt	•	•			•	
der Nachtisch (-e)	dessert		•	•	•	•	•
der Pudding (-s)	pudding, dessert	•		•			
die Sahne	cream			•	•	•	•
die Schlagsahne	whipped cream	•		•	•	•	•
das Speiseeis	ice cream					•	

		MEG	NEAB	ULEAC	SEG	WJEC	NICCEA
die Torte (-n)	flan, gateau	•	•	•	•	•	•
die Vanille	vanilla	•					

Drinks

		MEG	NEAB	ULEAC	SEG	WJEC	NICCEA
der Alkohol (-e)	alcohol					•	•
der Apfelsaft (-̈e)	apple juice			•			
das Bier (-e)	beer	•	•	•	•	•	•
die Cola (-s)	Coca-Cola	•	•	•			•
das Getränk (-e)	drink	•	•	•	•	•	•
der Kaffee (-s)	coffee	•	•	•	•	•	•
der Kakao (-s)	cocoa	•		•			•
die Limonade (-n)	lemonade	•	•	•		•	•
die Milch	milk	•	•	•	•	•	•
das Milch-Mixgetränk (-e)	milkshake						•
das Mineralwasser (-)	mineral water	•	•	•			•
der Orangensaft (-̈e)	orange juice	•	•				
das Pils (-)	beer	•					•
der Rotwein (-e)	red wine	•					•
der Saft (-̈e)	juice	•	•	•	•	•	•
der Schnaps (-̈e)	schnaps, spirits	•					•
der Sekt (-e)	champagne				•		
die Spirituosen (pl)	spirits						•
der Sprudel (-)	mineral water, lemonade	•		•	•	•	
der Strohhalm (-e)	drinking straw				•		
der Tee (-s)	tea	•	•	•	•	•	•
der Wein (-e)	wine	•	•	•	•	•	•
der Weißwein (-e)	white wine						•

The restaurant

		MEG	NEAB	ULEAC	SEG	WJEC	NICCEA
die Bedienung (-en)	service					•	•
das Café (-s)	café		•				•
der Durst	thirst	•		•	•	•	•
das Essen (-)	food, meal					•	•
der Fisch (-e)	fish	•		•	•	•	•
die Forelle (-n)	trout						•
das Gericht (-e)	course (of a meal)			•	•		•
der Geschmack	taste			•		•	
die Getränkekarte (-n)	list of drinks, wine list					•	•
das Hauptgericht (-e)	main course				•		
Herr Ober!	waiter!		•			•	•

		MEG	NEAB	ULEAC	SEG	WJEC	NICCEA
der Hunger	hunger	•		•		•	•
inbegriffen/inbgr.	included		•	•	•	•	•
die kalte Platte (-n)	cold dish						•
der Kellner (-)	waiter	•	•	•	•	•	•
die Kellnerin (-nen)	waitress						•
der Koch (¨e)	cook	•					
das Menü (-s)	menu	•	•	•	•	•	•
die Nachspeise (-n)	meals					•	
die Preistafel (-n)	price list					•	
der Raucher (-)	smoker					•	•
die Rechnung (-en)	bill	•	•		•	•	•
das Restaurant (-s)	restaurant			•	•		•
die Sardine (-n)	sardine						•
sonst noch etwas?	anything else?	•		•		•	•
die Speisekarte (-n)	menu	•	•	•	•	•	•
die Spezialität (-en)	speciality					•	•
die Suppe (-n)	soup	•	•	•	•	•	•
die Terrasse (-n)	terrace					•	•
die Toilette (-n)	toilet	•		•		•	•
das Trinkgeld (-er)	tip	•			•	•	•
die Wahl (-en)	choice	•					
die Weinkarte (-n)	wine list						•
die Weinliste (-n)	wine list	•					
zum Mitnehmen	take-away (food)					•	

Restaurant verbs

		MEG	NEAB	ULEAC	SEG	WJEC	NICCEA
anbieten (sep)	to offer			•			•
bedienen	to serve					•	•
bestehen aus	to consist of					•	•
bestellen	to order	•	•	•	•	•	•
empfehlen	to recommend			•	•		•
essen	to eat	•	•	•	•	•	•
riechen	to smell	•				•	•
schmecken	to taste (good)	•	•	•	•	•	•
trinken	to drink	•	•	•	•	•	•

HEALTH AND FITNESS

Sports

German	English	MEG	NEAB	ULEAC	SEG	WJEC	NICCEA
das Angeln	angling						•
die Athletik	athletics						•
das Badminton	badminton			•			
der Federball	badminton	•		•			
der Fußball (¨e)	football	•	•	•			•
die Gymnastik	gymnastics					•	
der Handball (¨e)	handball	•					
das Jagen	hunting						•
das Reiten	riding						•
das Tennis	tennis	•	•				•
das Tischtennis	table tennis	•	•				
das Windsurfen	windsurfing	•					

Sport words

German	English	MEG	NEAB	ULEAC	SEG	WJEC	NICCEA
der Anmeldeschein (-e)	registration form					•	
das Endspiel (-e)	final (of competition)	•	•				
das Ergebnis (-se)	result			•	•		
das Fitnesszentrum (-ren)	sports centre		•			•	
der Fußballplatz (¨e)	football pitch/ground						•
der Lauf (Läufe)	race						•
die Liga	league						•
die Meisterschaft (-en)	championship						•
die Niederlage (-n)	defeat						•
der Pokal (-e)	cup						•
die Reitschule (-n)	riding school					•	
die Runde (-n)	lap						•
der Sieg (-e)	victory						•
der Ski (-s)	ski	•					•
das Spiel (-e)	game, match	•	•		•		•
der Sport	sport	•	•	•			•
die Sportart (-en)	type of sport				•		
der Sportplatz (¨e)	sports field		•		•		•
das Sportverein (-e)	sports club				•		
das Sportzentrum (-ren)	sports centre		•				
das Stadion (-ien)	stadium	•	•	•	•	•	•
der Stehplatz (¨e)	standing room						•

		MEG	NEAB	ULEAC	SEG	WJEC	NICCEA
das Tor (-e)	goal			•	•		•
die Turnhalle (-n)	gymnasium		•	•	•	•	
das Turnier (-e)	competition						•
unentschieden	drawn (game)						•
die Veranstaltung (-en)	event						•
der Verein (-e)	club	•			•	•	•
der Wettkampf (¨e)	competition						•
wie steht das Spiel?	what's the score?						•

Sports gear

		MEG	NEAB	ULEAC	SEG	WJEC	NICCEA
die Angelrute (-n)	fishing-rod					•	•
der Ball (¨e)	ball					•	•
der Jogginganzug (¨e)	jogging suit				•		
der Lautsprecher (-)	loudspeaker				•		
das Netz (-e)	net				•		
der Schläger (-)	racquet, bat			•			•
der Schlittschuh (-e)	ice skate				•	•	•
der Sessellift (-e)	chairlift				•		
der Skilift (-e)	ski-lift				•		
der Trainingsanzug (¨e)	track suit				•		

The people

		MEG	NEAB	ULEAC	SEG	WJEC	NICCEA
der Fan (-s)	fan		•				
der Fußballspieler (-)	footballer	•					
der Läufer (-)	runner						•
die Mannschaft (-en)	team	•	•	•	•	•	•
das Mitglied (-er)	member			•	•		•
das Publikum	audience, crowd						•
der Radfahrer (-)	cyclist	•					
der Sportler (-)	sportsman			•			
der Zuschauer (-)	spectator			•	•	•	•

Verbs

		MEG	NEAB	ULEAC	SEG	WJEC	NICCEA
anschauen (sep)	to look at			•	•		•
ansehen (sep)	to watch, to look at	•			•		
atmen	to breathe			•			•
aufgeben (sep)	to give up				•		•
ausfallen (sep)	to be cancelled					•	•
fangen	to catch				•		
gewinnen	to win	•	•	•	•	•	•

		MEG	NEAB	ULEAC	SEG	WJEC	NICCEA
halten	to hold, keep, stop	•		•	•	•	•
joggen	to jog	•					
klettern	to climb			•			
laufen	to run	•	•	•	•	•	•
nachschauen	to watch, to have a look			•			
nachsehen (sep)	to check	•					
pfeifen	to whistle					•	
radfahren	to cycle	•	•	•	•	•	
rennen	to run			•			
rudern	to row					•	
schauen	to look, to see	•				•	
schwimmen	to swim	•	•	•	•	•	•
schwitzen	to sweat						•
segeln	to sail			•	•	•	
sehen	to see	•	•		•	•	•
siegen	to win						•
Ski fahren	to ski	•	•	•	•		•
Ski laufen	to ski	•			•	•	
spielen	to play	•	•	•	•	•	•
Sport treiben	to practise sport			•			
springen	to jump	•			•	•	
stattfinden (sep)	to take place		•	•	•		•
steigen	to climb			•	•	•	
trainieren	to train						•
treiben	to do (e.g. sports, studies)	•	•		•		•
turnen	to do gymnastics	•				•	
werfen	to throw	•			•	•	

The body

		MEG	NEAB	ULEAC	SEG	WJEC	NICCEA
der Arm (-e)	arm	•	•	•			•
das Auge (-n)	eye	•	•	•	•	•	•
der Bart (¨e)	beard	•	•	•	•	•	•
der Bauch (¨e)	belly	•	•	•			•
das Bein (-e)	leg	•	•	•	•		•
das Blut	blood	•		•		•	•
die Brust (¨e)	breast, chest			•			
der Daumen (-)	thumb			•			•
der Finger (-)	finger	•	•	•			•
der Füß (-üsse)	foot	•	•	•	•	•	•

	MEG	NEAB	ULEAC	SEG	WJEC	NICCEA
das Gesicht (-er)	face	•		•	•	•	
die Glatze (-n)	bald head				•		
das Haar (-e)	hair	•	•	•	•	•	•
der Hals (¨e)	neck, throat	•	•	•	•		•
die Hand (¨e)	hand	•	•	•			•
die Haut (Häute)	skin						•
das Herz (-en)	heart				•	•	•
das Knie (-n)	knee			•	•	•	•
der Kopf (¨e)	head	•	•	•	•		•
der Körper (-)	body			•		•	•
die Lippe (-n)	lip						•
der Magen (¨)	stomach	•	•	•			•
der Mund (¨er)	mouth	•		•	•		•
die Nase (-n)	nose	•		•	•		•
das Ohr (-en)	ear	•	•	•	•		•
der Rücken (-)	back	•	•	•			•
der Schnurrbart (¨e)	moustache		•		•	•	
die Schulter (-n)	shoulder			•			•
die Stimme (-n)	voice					•	•
der Zahn (¨e)	tooth	•	•	•	•		•
die Zehe (-n)	toe				•		
die Zunge (-n)	tongue				•		•

Illness

	MEG	NEAB	ULEAC	SEG	WJEC	NICCEA
der Appetit	appetite				•	•	•
der Badeort (-e)	spa			•		•	
die Behandlung (-en)	treatment			•			
die Besserung (-en)	improvement, recovery				•		•
die Besuchszeit (-en)	visiting time						•
die Diät (-en)	diet				•		
das Fieber	temperature	•	•	•	•		•
die Gesundheit	health			•	•		•
der Gips (-e)	plaster cast				•		•
das Hansaplast	Elastoplast				•		
der Heuschnupfen	hay fever					•	
die Klinik (-en)	clinic	•		•		•	•
das Krankenhaus (¨er)	hospital	•		•	•	•	•
die Krankenkasse (-n)	health insurance company						•
der Krankenschein (-e)	medical insurance card						•

	MEG	NEAB	ULEAC	SEG	WJEC	NICCEA
der Krankenwagen (-) — ambulance	•			•		•
das Medikament (-e) — medicine					•	•
die Medizin — medicine			•			•
die Operation (-en) — operation						•
die Pille (-n) — pill			•	•	•	•
das Rezept (-e) — prescription			•		•	•
die Salbe (-n) — ointment						•
das Sonnenbrandöl (-e) — sun-burn cream						
die Sprechstunde (-n) — consulting hours, surgery			•	•		•
die Tablette (-n) — tablet, pill					•	•
der Termin (-e) — appointment			•	•		
das Thermometer (-) — thermometer				•		
die Zigarette (-n) — cigarette			•	•		•

Illnesses

	MEG	NEAB	ULEAC	SEG	WJEC	NICCEA
die Allergie (-n) — allergy					•	
Bauchschmerzen (pl) — stomach ache				•		
Bauchweh — stomach ache				•		
der Blutdruck — blood pressure				•		
der Durchfall — diarrhoea	•	•	•	•		
die Entzündung (-en) — inflammation						•
die Erkältung (-en) — cold						•
die Grippe — flu	•	•	•	•	•	•
die Halsschmerzen (pl) — sore throat				•		
die Infektion (-en) — infection						•
die Kopfschmerzen (pl) — headache				•		
die Krankheit (-en) — illness			•	•		•
die Magenschmerzen (pl) — stomach ache				•		
die Ohnmacht — faint						•
die Schmerzen (pl) — pain			•	•	•	•
der Schnupfen (-) — cold			•	•	•	•
Sonnenbrand — sunburn				•		
die Verletzung (-en) — injury						•
die Verstopfung (-en) — constipation					•	
das Weh — ache						•
die Wunde (-n) — wound					•	•
die Zahnschmerzen (pl) — toothache				•		

The people

	MEG	NEAB	ULEAC	SEG	WJEC	NICCEA
der Arzt (¨e) — doctor	•		•	•	•	•

	MEG	NEAB	ULEAC	SEG	WJEC	NICCEA
der Doktor (-en) — doctor						•
der Facharzt (∸e) — specialist doctor						•
der/die Kranke (-n) — sick person						•
der Krankenpfleger (-) — male nurse			•	•	•	
die Krankenschwester (-n) — female nurse	•	•	•	•	•	•
der/die Patient/in (-en) — patient						•
der Zahnarzt (∸e) — dentist	•			•		
Verbs						
bluten — to bleed					•	•
einreiben (sep) — to rub in	•					
sich erholen — to recover, to get better			•			•
sich erkälten — to catch a cold			•			•
sich fühlen — to feel			•	•		
Heimweh haben — to be homesick	•		•		•	
husten — to cough			•		•	•
niesen — to sneeze					•	
pflegen — to nurse, to look after					•	
röntgen — to X-ray				•		
stechen — to sting						•
untersuchen — to examine			•	•		
sich verbrennen — to burn oneself						•
verletzen — to injure			•	•	•	•
verschreiben — to prescribe					•	•
wehtun (sep) — to hurt	•	•	•	•	•	•
weinen — to cry			•	•	•	
zittern — to shiver						•
Adjectives						
erkältet — having a cold	•		•			
krank — ill	•	•	•	•	•	•
schlaflos — sleepless					•	
seekrank — seasick	•			•	•	
übel — ill	•			•	•	
verletzt — injured						•
verstopft — constipated			•		•	

Personal and social life

SELF, FAMILY AND PERSONAL RELATIONSHIPS

Family

		MEG	NEAB	ULEAC	SEG	WJEC	NICCEA
das Alter	age	•		•	•		•
die Ehe (-n)	marriage						•
der Familienname (-n)	surname	•		•			•
der Familienstand	married status				•		•
die Geburt (-en)	birth	•	•				•
der Nachname (-n)	surname						•
das Taschengeld	pocket money	•	•	•	•		
der Vorname (-n)	first name		•	•	•	•	•
der Wohnort (-e)	place of residence	•	•	•	•		•

The people in the family

		MEG	NEAB	ULEAC	SEG	WJEC	NICCEA
das Baby (-s)	baby	•	•				•
der Bruder (-)	brother	•	•	•	•	•	•
der Cousin (-s)	cousin						•
die Ehefrau (-en)	wife				•		•
die Eheleute (pl)	married couple						•
der Ehemann (-er)	husband				•		•
das Ehepaar (-e)	couple						•
das Einzelkind (-er)	only child	•	•	•	•	•	
die Eltern (pl)	parents	•	•	•	•	•	•
der Enkel (-)	grandchild				•		•
die Enkelin (-nen)	granddaughter						•
die Enkelkinder (pl)	grandchildren						•
die Familie (-n)	family	•	•	•	•	•	•
die Geschwister (pl)	brothers and sisters	•	•	•	•	•	•
die Großeltern (pl)	grandparents	•	•	•	•		•
die Großmutter (-)	grandmother	•		•		•	•

	MEG	NEAB	ULEAC	SEG	WJEC	NICCEA
der Großvater (¨) — grandfather	•		•	•	•	
der Junge (-n) — boy	•		•	•	•	•
das Kind (-er) — child	•	•	•	•	•	•
die Kusine (-n) — cousin (female)			•	•	•	•
der Mann (¨er) — man, husband	•	•	•	•	•	•
die Mutter (¨) — mother	•	•	•	•	•	•
Mutti — Mum	•	•	•		•	
der Neffe (-n) — nephew			•		•	
die Nichte (-n) — niece			•		•	
die Oma (-s) — granny	•	•	•	•	•	•
der Onkel (-) — uncle	•	•	•	•	•	•
der Opa (-s) — grandad	•	•	•	•	•	•
die Schwester (-n) — sister	•	•	•	•	•	•
die Schwiegereltern (pl) — parents-in-law						•
die Schwiegermutter (¨) — mother-in-law						•
der Schwiegersohn (¨) — son-in-law					•	
der Schwiegervater (¨) — father-in-law						•
der Sohn (¨e) — son	•	•	•	•	•	•
die Tante (-n) — aunt	•	•	•	•	•	•
die Tochter (¨) — daughter	•	•	•	•	•	•
der Vater (¨) — father	•	•	•	•	•	•
der Vati — dad	•	•	•		•	
der/die Verlobte (-n) — fiancé/fiancée						•
der Verwandte (-n) — relative	•		•	•		•
der Vetter (-n) — cousin			•		•	•
die Witwe (-n) — widow						•
der Witwer (-) — widower						•
der Zwilling (-e) — twin	•	•	•	•	•	

Adjectives

	MEG	NEAB	ULEAC	SEG	WJEC	NICCEA
arm — poor	•	•	•	•	•	
atemlos — breathless					•	•
betrunken — drunk			•	•	•	
bewußtlos — unconscious						•
blaß — pale				•	•	
blond — blond, fair	•	•				•
dick — fat	•	•	•	•	•	•
dünn — thin		•	•	•	•	•
fit — fit	•				•	
geschieden — divorced, separated	•		•		•	•

	English	MEG	NEAB	ULEAC	SEG	WJEC	NICCEA
gestorben	dead					•	
gesund	healthy	•	•	•	•		•
häßlich	ugly	•	•	•	•	•	•
hübsch	pretty	•		•	•	•	•
jung	young	•	•	•	•	•	•
ledig	single (not married)			•	•	•	•
lockig	curly	•		•	•	•	
mager	thin						•
männlich	masculine			•		•	•
reich	rich	•	•	•	•	•	
schlank	slim	•	•	•	•	•	•
schwanger	pregnant						•
stark	strong	•	•	•	•	•	•
tot	dead			•	•		•
unfit	unfit	•					
verheiratet	married	•		•	•	•	•
verlobt	engaged			•		•	•
vollschlank	plump					•	
weiblich	female, feminine			•		•	•

Friends

	English	MEG	NEAB	ULEAC	SEG	WJEC	NICCEA
der Besuch (-e)	visit	•	•			•	
die Bitte (-n)	request						•
die Brieffreundschaft (-en)	correspondence with a penfriend						
der Briefwechsel (-)	correspondence	•					
der Einführungsbrief (-e)	introductory letter					•	.
die Einladung (-en)	invitation	•	•	•	•	•	•
die Entschuldigung (-en)	apology	•	•	•	•	•	•
das Fest (-e)	party				•		•
das Futter	animal food						•
die Gastfreundschaft	hospitality		•	•			
das Geschenk (-e)	present	•	•	•	•	•	•
das Gespräch (-e)	conversation				•		
die Herkunft	origin						•
der Kuß (¨sse)	kiss					•	
die Laune (-n)	mood						•
die Liebe (-n)	love					•	•
der Mädchenname (-n)	maiden name					•	•
die Partnerstadt (¨e)	twin town					•	•

	MEG	NEAB	ULEAC	SEG	WJEC	NICCEA
die Party (-s) — party						•
die Stimmung (-en) — mood						•
die Unterhaltung (-en) — conversation			•	•		
die Verabredung (-en) — arrangement						•
die Vorstellung (-en) — introduction	•		•	•		•
der Zettel (-) — note			•	•	•	

The people

	MEG	NEAB	ULEAC	SEG	WJEC	NICCEA
der/die Bekannte (-n) — acquaintance	•		•			•
der Brieffreund (-e) — penfriend	•				•	
die Dame (-n) — lady	•	•	•	•	•	•
der Erwachsene (-n) — adult		•	•	•	•	•
der Freund (-e) — friend	•	•	•	•	•	•
die Gruppe (-n) — group	•	•	•	•	•	•
die Jugend — young people						•
der Jugendliche (-n) — young person				•	•	•
der Kamerad (-en) — comrade				•		
das Mädchen (-) — girl	•	•	•	•	•	•
der Mensch (-en) — person, man	•		•	•		•
der Nachbar (-n) — neighbour	•		•	•	•	
der Partner (-) — partner		•				
die Person (-en) — person	•	•				•
der Typ (-en) — bloke, type, guy				•		

Adjectives

	MEG	NEAB	ULEAC	SEG	WJEC	NICCEA
aktiv — active						•
angenehm — pleasant	•		•		•	•
behilflich — helpful				•		
bekannt — well-known	•		•	•	•	•
beliebt — popular				•	•	
blöd — mad, stupid						•
brav — good, well-behaved				•		
doof — stupid		•			•	•
dumm — stupid	•	•	•	•	•	•
ehrlich — honest				•		
ernst — serious	•			•		
faul — lazy	•	•	•	•	•	•
fleißig — hard-working	•	•	•	•	•	•
frech — cheeky					•	•
freundlich — friendly	•	•	•	•	•	•

		MEG	NEAB	ULEAC	SEG	WJEC	NICCEA
geduldig	patient				•		
gut gelaunt	in a good mood				•		•
herzlich	warm, warm-hearted				•	•	
humorvoll	humorous					•	
intelligent	intelligent	•	•				•
interessant	interesting	•	•	•	•	•	•
klug	clever				•	•	
langweilig	boring	•	•	•	•		•
lustig	amusing	•	•	•		•	•
neugierig	curious				•		•
ruhig	quiet	•		•	•	•	•
scheu	shy						•
schlau	clever, cunning					•	
schüchtern	shy			•		•	
sportlich	sporty				•	•	
sympathisch	nice, kind			•	•	•	•
unfreundlich	unfriendly	•					•
verrückt	crazy					•	
verwöhnt	spoilt						•
vorsichtig	careful	•				•	
zärtlich	affectionate					•	

Verbs

		MEG	NEAB	ULEAC	SEG	WJEC	NICCEA
abholen (sep)	to collect, to meet	•		•	•	•	•
ablehnen (sep)	to decline, to reject				•	•	
sich ärgern	to get annoyed				•		•
ausführen (sep)	to take out (e.g. to cinema)						•
ausgehen (sep)	to go out	•	•	•	•	•	
aussehen (sep)	to look, to appear	•	•	•	•	•	•
befreundet sein	to be friends					•	•
begegnen	to meet					•	
begleiten	to accompany					•	
begrüßen	to greet				•	•	
beißen	to bite					•	
bekommen	to receive	•		•	•	•	•
bellen	to bark			•			
besuchen	to visit	•	•	•	•	•	•
bieten	to offer	•				•	•

		MEG	NEAB	ULEAC	SEG	WJEC	NICCEA
bringen	to bring	•		•	•	•	•
einladen (sep)	to invite	•	•	•	•	•	•
empfangen	to greet, to welcome					•	
erkennen	to recognise	•		•	•		
erstaunen	to surprise						•
erwarten	to expect				•		
feiern	to celebrate		•	•	•	•	•
Feuer haben	to have a light					•	•
sich freuen	to be pleased	•	•	•			
geben	to give	•		•	•	•	•
hassen	to hate				•		
heiraten	to marry	•		•		•	•
heißen	to be called	•	•	•	•	•	•
helfen	to help	•	•	•	•	•	•
kennen	to know (people, places)	•	•	•		•	•
kennenlernen (sep)	to get to know	•	•	•			•
küssen	to kiss				•		
lächeln	to smile	•		•	•	•	
lachen	to laugh	•		•	•	•	•
leben	to live	•		•	•		•
lieben	to love	•		•	•		
mitbringen (sep)	to bring with you	•		•	•		
mitfahren (sep)	to travel with				•		
mitkommen (sep)	to come with you	•			•		
mitmachen (sep)	to join in						•
mitnehmen (sep)	to take with you	•			•		•
nennen	to name, to call	•		•			•
schenken	to give as a present				•		•
schütteln	to shake						•
sorgen für	to care for						•
treffen	to meet	•	•	•	•	•	•
überraschen	to surprise	•					
sich verabschieden	to say goodbye				•		•
vermissen	to miss (e.g. a person)				•		
sich verstehen	to get on well	•				•	
sich vorstellen (sep)	to introduce oneself	•	•	•	•	•	
wachsen	to grow			•	•		
willkommen	to welcome	•	•	•	•	•	•
winken	to wave					•	
wohnen	to live	•	•	•	•	•	•

	MEG	NEAB	ULEAC	SEG	WJEC	NICCEA
wünschen — to wish	•		•	•	•	
zurückgeben (sep) — to give back			•			•

Clothes

	MEG	NEAB	ULEAC	SEG	WJEC	NICCEA
der Anzug (⁻e) — suit			•	•		•
der Badeanzug (⁻e) — swimsuit	•		•	•	•	•
die Badehose (-n) — swimsuit	•		•	•	•	•
die Bluse (-n) — blouse	•	•	•	•	•	•
der Gürtel (-) — belt	•		•	•		•
der Handschuh (-e) — glove	•	•	•	•	•	•
die Haube (-n) — bonnet, cap						•
das Hemd (-en) — shirt	•	•	•	•	•	•
die Hose (-n) — trousers	•	•	•	•	•	•
der Hut (⁻e) — hat			•		•	•
die Jacke (-n) — jacket	•	•	•	•	•	•
die Jeans — jeans	•	•				
das Kleid (-er) — dress	•	•	•	•	•	•
die Kleider (pl) — clothes	•	•	•			
die Kleidung — clothes	•	•	•	•	•	
das Kostüm (-e) — costume, suit				•		
die Krawatte (-n) — tie	•	•	•	•	•	•
der Mantel (⁻) — coat	•	•	•	•	•	
die Mütze (-n) — cap					•	•
der Pulli (-s) — pullover	•	•	•	•	•	
der Pullover (-s) — pullover	•	•				•
der Rock (⁻e) — skirt	•	•	•	•	•	•
die Sandale (-n) — sandal	•				•	
der Schal (-e) — shawl, scarf					•	•
der Schlafanzug (⁻e) — pyjamas	•					
der Schlips (-e) — tie	•				•	•
der Schuh (-e) — shoe	•	•	•	•	•	•
die Socke (-n) — sock	•	•	•		•	•
der Stiefel (-) — boot					•	•
der Strumpf (⁻e) — sock				•	•	•
die Strumpfhose (-n) — tights	•		•	•	•	•
das T-Shirt (-s) — tee-shirt	•	•				
das Taschentuch (⁻er) — handkerchief				•	•	•
die Unterhose (-n) — underpants					•	
die Unterwäsche — underclothes					•	

Extras

		MEG	NEAB	ULEAC	SEG	WJEC	NICCEA
das Armband (¨er)	bracelet	•				•	
die Armbanduhr (-en)	wristwatch	•		•			
die Brieftasche (-n)	wallet	•	•	•		•	•
die Brille (-n)	glasses	•	•	•	•	•	•
der Geldbeutel (-)	purse				•		
die Geldbörse (-n)	purse					•	
die Halskette (-n)	necklace				•		
die Handtasche (-n)	handbag	•		•	•		
die Kette (-n)	necklace, bracelet	•			•	•	•
der Lippenstift (-e)	lipstick				•		
die Mappe (-n)	briefcase	•					
der Ohrring (-e)	earring				•		
das Portemonnaie (-s)	purse	•	•		•	•	•
der Regenschirm (-e)	umbrella	•		•	•	•	•
der Ring (-e)	ring	•	•	•			•
der Schmuck	jewellery	•	•	•	•	•	•
die Tasche (-n)	pocket	•	•	•	•	•	•

FREE TIME AND SOCIAL ACTIVITIES

Free time

		MEG	NEAB	ULEAC	SEG	WJEC	NICCEA
das Album (Alben)	album						•
der/die Angehörige (-n)	member						•
der Apparat (-e)	camera	•	•			•	•
der Aufkleber (-)	sticker					•	
der Bastler (-)	person who likes DIY					•	
der Clown (-s)	clown						•
der Computer (-)	computer	•	•			•	•
das Dia (-s)	slide				•		
die Einfahrt (-en)	entrance	•		•	•		•
der Eintritt (-e)	entrance	•	•		•		
das Eintrittsgeld (-er)	entrance fee	•		•			
der Fernseher (-)	TV set		•	•	•	•	•
das Feuerzeug (-e)	cigarette lighter					•	•
die Freizeit	free time	•	•		•		•
der Führer (-)	leader					•	
der Humor	humour					•	
das Interesse (-n)	interest	•	•	•	•		

	MEG	NEAB	ULEAC	SEG	WJEC	NICCEA
die Jagd (-en) hunt						•
die Kamera (-s) camera				•		
die Küche (-n) cooking	•	•	•	•	•	•
der Leiter (-) leader					•	•
Lieblings- favourite...	•	•	•	•	•	•
die Pfeife (-n) pipe				•	•	•
die Puppe (-n) doll			•	•	•	
das Rad (¨er) bicycle	•	•	•	•		•
der Rollschuh (-e) rollerskate		•	•		•	
der Rucksack (¨e) rucksack	•		•			•
der Rundfunk radio						•
die Sammlung (-en) collection				•		
der Spaß fun	•	•	•	•	•	•
die Spielwaren (pl) toys				•		
das Spielzeug (-e) toy				•	•	
der Tabak tobacco					•	•
der Urlaub (-e) holiday	•	•	•	•	•	•
der Verband (-e) club					•	•
der Wanderer (-) hiker					•	
die Wanderkarte (-n) walker's map				•		
die Wanderschuhe walking shoes						•
der Weg (-e) way, track	•		•	•	•	•
der Wegweiser (-) signpost				•		
Places						
die Ausstellung (-en) exhibition				•		•
die Bar (-s) bar	•					•
die Discothek (-en) disco	•	•				•
das Freizeitzentrum (-zentren) leisure centre					•	
die Galerie (-n) gallery				•		•
die Imbißhalle (-n) snack bar					•	
die Imbißstube (-n) cafe	•		•	•	•	
der Jugendklub (-s) youth club	•	•	•		•	
das Jugendzentrum (-en) youth club				•	•	
die Kegelbahn (-en) bowling alley				•		
der Klub (-s) club	•		•			•
die Kneipe (-n) pub			•	•	•	•
das Konzert (-e) concert	•	•	•	•	•	•
das Lokal (-e) pub				•	•	•

	MEG	NEAB	ULEAC	SEG	WJEC	NICCEA
der Schalter (-) — counter, box office			•	•	•	•
das Schwimmbad (-̈er) — swimming pool	•	•		•		•
das Schwimmbecken (-) — swimming pool					•	
der Tiergarten (-̈) — zoo					•	•
der Zirkus (-se) — circus						•
der Zoo (-s) — zoo				•		•

Activities

	MEG	NEAB	ULEAC	SEG	WJEC	NICCEA
die Freizeitsbeschäftigung (-en) — leisure activity			•			
das Hobby (-s) — hobby	•	•				•
das Kegeln — bowling						•
das Schach — chess			•	•		•
der Spaziergang (-̈e) — walk	•		•		•	•
das Stricken — knitting						•
die Unterhaltung (-en) — entertainment			•	•		
die Wanderung (-en) — walk, hike	•			•		

Adjectives

	MEG	NEAB	ULEAC	SEG	WJEC	NICCEA
all- — every, all	•	•		•	•	•
allerlei — all sorts					•	
allgemein — general						•
ander- — other	•		•	•	•	
bestimmt — certain	•	•		•	•	
derselbe — the same					•	
doppelt — double					•	
eigen — of one's own	•			•	•	
einige — some	•	•		•	•	•
einzeln — individual, separate			•			
einzig — only, sole					•	
folgend — following	•			•		
genug — enough	•	•	•	•	•	•
gewiß — certain, definite					•	
gewöhnlich — usual	•	•	•		•	•
irgend — some, any		•				
jeder — every	•					
knapp — scarce						•
letzte — last	•	•		•	•	•
mehrere — several	•		•	•	•	•
nächste — next	•	•	•	•	•	•

		MEG	NEAB	ULEAC	SEG	WJEC	NICCEA
sämtlich	all						•
solch	such	•					
total	total			•			
viel	a lot	•	•	•	•	•	•
vorige	last (previous)					•	•
zusätzlich	additional						•

Movement

		MEG	NEAB	ULEAC	SEG	WJEC	NICCEA
anhalten (sep)	to stop					•	•
sich beeilen	to hurry up	•		•			•
betreten	to enter, to step on						•
eilen	to hurry				•	•	
es eilig haben	to be in a hurry						•
gehen	to go	•	•	•	•	•	•
hereinkommen (sep)	to come in		•				
sich hinsetzen (sep)	to sit down	•		•			
holen	to fetch			•	•	•	•
sich setzen	to sit down	•	•	•	•	•	•
stehenbleiben (sep)	to stop					•	
überqueren	to cross				•	•	•
vorbeikommen (sep)	to go past	•		•			
vorgehen (sep)	to go ahead	•		•			
weggehen (sep)	to go away				•	•	

Reading

		MEG	NEAB	ULEAC	SEG	WJEC	NICCEA
die Anzeige (-n)	advert (in paper)	•		•			•
der Autor (-en)	author						•
die Autorin (-nen)	author(ess)						•
das Buch (¨er)	book	•	•	•	•	•	•
das Gedicht (-e)	poem						•
der Horrorroman (-e)	horror novel					•	
die Illustrierte (-n)	magazine				•		
der Kriminalroman (-e)	thriller novel					•	
das Lesen	reading						•
der Liebesroman (-e)	novel about love					•	
die Literatur	literature						•
das Magazin (-e)	magazine	•					
die Presse (-n)	press		•	•			
die Reklame (-n)	advertisement			•	•		•
der Roman (-e)	novel						•

		MEG	NEAB	ULEAC	SEG	WJEC	NICCEA
der Schriftsteller (-)	author						•
die Schriftstellerin (-nen)	author(ess)						•
das Taschenbuch (¨er)	paperback						•
die Werbung (-en)	advertisement	•	•				
die Zeitschrift (-en)	magazine	•	•	•	•	•	•
die Zeitung (-en)	newspaper	•	•	•	•	•	•

At the cinema/theatre

		MEG	NEAB	ULEAC	SEG	WJEC	NICCEA
die Abendkasse (-n)	box office						•
die Aufführung (-en)	performance						•
die Bühne (-n)	stage (e.g. of theatre)						•
der Dokumentarfilm (-)	documentary					•	•
der Eingang (¨e)	entrance	•		•	•	•	•
die Eintritteskarte (-n)	entrance ticket	•					
Erfrischungen (pl)	refreshments	•					
der Farbfilm (-e)	colour film						•
der Film (-e)	film	•	•			•	•
das Kino (-s)	cinema	•	•	•	•	•	•
der Krimi (-s)	thriller (book or film)	•	•	•	•	•	•
der Kriminalfilm (-e)	thriller						•
der Rang (¨e)	tier	•					
die Reihe (-n)	row	•					•
das Schauspiel (-e)	play	•					
der Spielfilm (-e)	feature film						•
das Stück (-e)	piece, play (theatre)	•	•	•	•	•	•
der Trickfilm (-e)	cartoon	•					
die Vorstellung (-en)	performance	•	•	•	•		•
der Vorverkauf (¨e)	advance booking						•

Music

		MEG	NEAB	ULEAC	SEG	WJEC	NICCEA
der Anfänger (-)	beginner				•	•	
die Anlage (-n)	system						•
der Band (¨er)	tape	•					
CD	CD		•	•			
der Chor (¨e)	choir				•	•	•
der Dirigent (-en)	conductor						•
das Instrument (-e)	instrument	•	•				•
der Jazz	jazz						•
die Kapelle (-n)	band					•	
die Kassette (-n)	cassette	•		•	•		•

		MEG	NEAB	ULEAC	SEG	WJEC	NICCEA
der Kassettenrecorder (-)	cassette recorder music	•	•				•
das Konzert (-e)	concert	•	•	•	•	•	•
die Langspielplatte (-n)	LP record				•		
das Lied (-er)	song				•		•
die Musik	music	•	•	•			•
der Musiker (-)	musician	•					•
die Oper (-n)	opera					•	•
das Orchester (-)	orchestra	•					•
die Platte (-n)	record				•	•	
der Plattenspieler (-)	record player				•		•
die Popmusik	pop music	•					•
der Sänger (-)	singer	•	•	•		•	
die Schallplatte (-n)	record	•	•		•	•	•
der Schlager (-)	hit pop tune	•			•		•
die Stereoanlage (-n)	stereo	•	•		•	•	
das Ton (¨e)	sound						•
das Tonband (¨er)	tape				•		•
das Tonbandgerät (-e)	tape recorder music				•	•	
der Walkman (-s)	walkman	•					

Instruments

		MEG	NEAB	ULEAC	SEG	WJEC	NICCEA
die Blockflöte (-n)	recorder		•	•			
die Flöte (-n)	flute	•					•
die Geige (-n)	violin	•				•	•
die Gitarre (-n)	guitar	•			•		•
das Klavier (-e)	piano	•			•	•	•
das Schlagzeug	drums	•			•		
die Trompete (-n)	trumpet	•			•		•

TV

		MEG	NEAB	ULEAC	SEG	WJEC	NICCEA
der Ansager (-)	announcer					•	
der Dokumentarfilm (-e)	documentary	•					•
die Dokumentarsendung (-en)	documentary programme	•					
der Fernsehapparat (-e)	TV set	•		•			
die Nachrichten (pl)	news	•	•	•	•		•
das Programm (-e)	channel	•	•		•		•
der Regisseur (-e)	producer						•
die Regisseurin (-nen) (f)	producer						•
der Schauspieler (-)	actor	•	•			•	•

		MEG	NEAB	ULEAC	SEG	WJEC	NICCEA
die Sendung (-en)	programme	•	•	•			•
die Tagesschau (-en)	TV News						•
das Theater (-)	theatre	•	•	•		•	•
das Theaterstück (-e)	play	•	•	•			
die Wetteraussichten	weather prospects						•
die Wettervorhersage (-n)	weather forecast	•	•	•	•		•

Verbs

		MEG	NEAB	ULEAC	SEG	WJEC	NICCEA
sich amüsieren	to amuse oneself					•	•
angeln	to fish	•	•	•	•		•
aufführen (sep)	to stage, to put on						•
aufnehmen	to photograph, to record						•
basteln	to make models			•	•	•	•
bauen	to build			•	•	•	•
behalten	to keep						•
bergsteigen	to climb	•					•
besitzen	to possess			•			
biegen	to bend	•					
binden	to tie						•
bummeln	to wander, to stroll			•			•
drehen	to turn					•	
erhalten	to receive, to get			•			•
fernsehen (sep)	to watch TV	•	•	•	•	•	•
fischen	to fish			•		•	
fotografieren	to photograph		•	•	•	•	•
gefallen	to please	•	•	•	•	•	•
gehören	to belong to			•		•	
gernhaben (sep)	to like					•	•
graben	to dig						•
grillen	to grill, to barbecue	•				•	•
haben	to have	•	•	•		•	•
sich interessieren für	to be interested in	•		•		•	
jäten	to weed						•
kegeln	to bowl				•		•
kleben	to stick	•					•
lesen	to read	•	•	•	•	•	•
lieber haben	to prefer	•	•			•	•
Lust haben	to feel like	•				•	•
machen	to do, to make	•	•	•	•	•	•
messen	to measure				•		

		MEG	NEAB	ULEAC	SEG	WJEC	NICCEA
plaudern	to chat			•	•	•	
rauchen	to smoke	•		•	•	•	•
reiten	to ride	•	•	•	•	•	
sammeln	to collect	•	•	•	•		•
schießen	to shoot						•
schlittschuhlaufen	to go ice-skating					•	•
schwärmen für	to be crazy about						•
singen	to sing	•	•	•	•		•
sinken	to sink				•		
stricken	to knit			•	•		
tanzen	to dance	•	•	•	•	•	•
üben	to practise	•		•	•		
wandern	to hike	•	•	•	•		•

HOLIDAYS

On holiday

		MEG	NEAB	ULEAC	SEG	WJEC	NICCEA
der Aufenthalt (-e)	stay				•	•	•
der Ausblick (-e)	view, outlook						•
der Ausflug (¨e)	excursion	•	•	•	•	•	•
die Auskunft (¨e)	information	•			•	•	•
die Aussicht (-en)	view	•			•	•	•
der Blick (-e)	view, look						•
die Broschüre (-n)	brochure	•			•	•	•
die Fahrt (-en)	journey	•	•	•	•	•	
die Fahrzeiten (pl)	journey times					•	
die Führung (-en)	guided tour						•
die Grenze (-n)	border				•	•	•
die Herbergseltern (pl)	wardens of youth hostel	•					
die Heimfahrt (-en)	home journey	•					
die Herbstferien (pl)	autumn holidays					•	
im voraus	in advance				•		
die Information (-en)	information						•
das Inland	home, inland					•	•
die Kontrolle (-n)	check (e.g. at customs)				•		
die Kosten (pl)	the costs	•					
die Miete (-n)	rent					•	
die Osterferien (pl)	Easter Holidays					•	
die Pauschalreise (-n)	package holiday					•	•

	MEG	NEAB	ULEAC	SEG	WJEC	NICCEA
der Plan (¨e) — plan	•					•
die Reise (-n) — journey	•	•		•	•	•
der Reiseleiter (-) — guide						•
die Reiseleiterin (-nen) (f) — guide						•
der Reisender (-) — traveller	•	•			•	•
die Reservierung (-en) — reservation					•	
die Rundfahrt (-en) — tour	•	•		•		•
die Sonderfahrt (-en) — special excursion					•	
der Sonnenschein — sunshine	•					
die Staatsangehörigkeit (-en) — nationality		•	•		•	•
die Stadtführung (-en) — guided tour				•		
die Stadtrundfahrt (-en) — tour of the city				•		
der Steward (-e) — steward						•
die Stewardeß (-essen) — stewardess						•
der Tourist (-en) — tourist			•			•
die Tradition (-en) — tradition						•
die Weinprobe (-n) — wine-tasting	•					
die Zollerklärung (-en) — customs declaration						•
die Zollkontrolle (-n) — customs control	•					•
der Zuschlag (¨e) — supplement	•	•	•	•		

Holiday gear

	MEG	NEAB	ULEAC	SEG	WJEC	NICCEA
das Andenken (-) — souvenir	•			•	•	
die Ansichtskarte (-n) — picture postcard	•	•	•	•		•
die Aufname (-n) — photo, recording						•
E-111-Schein — E111 certificate				•		
das Foto (-s) — photo	•	•	•	•		•
der Fotoapparat (-e) — camera	•	•	•	•		•
das Geschenk (-e) — present	•	•	•	•	•	•
die Karte (-n) — card, ticket, map	•	•	•	•	•	•
der Paß (-ässe) — passport	•	•	•	•	•	•
die Postkarte (-n) — postcard	•	•	•		•	
der Prospekt (-e) — brochure				•		•
der Proviant (e) — provisions						•
der Schirm (-e) — umbrella, shade				•		
der Schlafsack (¨e) — sleeping bag	•			•		•
die Sonnenbrille (-n) — sunglasses	•	•			•	
die Sonnencreme (-n) — suncream	•	•			•	
die Sonnenmilch — suntan lotion	•					
das Sonnenöl (-e) — suntan oil	•					

	MEG	NEAB	ULEAC	SEG	WJEC	NICCEA
das Souvenir (-s) — souvenir		•				
der Stadtplan (¨e) — town plan	•		•	•	•	•
das Ticket (-s) — (air) ticket						•
das Visum — visa						•
der Wohnwagen (-) — caravan	•	•	•	•		•

Places

	MEG	NEAB	ULEAC	SEG	WJEC	NICCEA
das Amt (¨er) — office				•		
der Badeort (-e) — spa				•		•
das Freibad (¨er) — open-air pool	•	•	•	•	•	•
das Hallenbad (¨er) — indoor pool	•	•	•	•	•	•
das Informationsbüro (-s) — information office					•	
der Kurort (-e) — spa					•	
die Unterkunft (¨e) — accommodation	•		•	•		•
das Verkehrsamt (¨er) — tourist office	•		•	•	•	•
die Wechselstube (-n) — bureau de change			•	•	•	•
die Weinstube (-n) — wine bar	•					
der Zoll — customs	•		•	•	•	

Camping

	MEG	NEAB	ULEAC	SEG	WJEC	NICCEA
die Batterie (-n) — battery	•					•
Campinggaz — calor gas for camping	•				•	
der Campingkocher (-) — camping stove	•					
der Campingplatz (¨e) — campsite	•	•	•	•		•
die Elektrizität — electricity	•					•
das Klo (-s) — toilet	•		•	•	•	•
das Streichholz (¨er) — match				•	•	•
das Trinkwasser — drinking water	•					
der Waschraum (¨e) — washroom	•				•	
das Wasser — water	•		•	•	•	•
der Wasserhahn (¨e) — tap	•					
das Zelt (-e) — tent		•	•	•	•	•
der Zeltplatz (¨e) — campsite				•	•	

In the hotel/youth hostel

	MEG	NEAB	ULEAC	SEG	WJEC	NICCEA
der Aufzug (¨e) — lift				•	•	•
DJH — German Youth Hostel Assoc.					•	
das Doppelbett (-en) — double bed					•	
das Doppelzimmer (-) — double room		•	•	•	•	•

		MEG	NEAB	ULEAC	SEG	WJEC	NICCEA
das Einzelbett (-en)	single bed					•	
das Einzelzimmer (-)	single room	•	•	•	•		•
der Fahrstuhl (¨e)	lift	•					•
das Fremdenzimmer (-)	room (in guest house)			•			
der Gast (¨e)	guest	•		•	•		•
der Gastgeber (-)	host	•					
das Gasthaus (¨er)	guest house	•	•	•	•	•	•
der Gasthof (¨e)	hotel	•		•	•		•
die Gaststätte (-n)	hotel	•		•	•		•
der Herbergsvater (¨)	youth hostel warden			•	•		
die Herbergsmutter (¨)	youth hostel warden			•	•		
das Hotel (-s)	hotel				•		•
inklusiv/inkl.	including			•	•	•	•
die Jugendherberge (-n)	youth hostel	•	•	•	•	•	•
der Lift (-e)	lift			•			
der Luxus	luxury					•	
der Name (-n)	name	•	•	•		•	•
die Pension (-en)	guest house					•	•
der Schlafraum (¨e)	dormitory	•					
der Schlüssel (-)	key	•	•	•		•	•
die Toilette (-n)	toilet	•	•	•		•	•
die Übernachtung (-en)	overnight stay	•	•		•		•
das WC (-s)	WC				•		

At hotel reception

		MEG	NEAB	ULEAC	SEG	WJEC	NICCEA
das Anmeldeformular (-c)	registration form				•		
der Anmeldezettel (-)	booking-in form					•	
die Anmeldung (-en)	booking, registration	•		•	•		•
der Ausweis (-e)	ID card			•	•	•	•
der Empfang	reception	•		•	•	•	
die Empfangsdame (-n)	receptionist	•		•	•		•
das Formular (-e)	form (to be completed)	•		•	•	•	•
das Geburtsdatum (-en)	date of birth			•	•	•	•
der Geburtsort (-e)	place of birth			•	•	•	•
das Geschlecht (-er)	sex (i.e. male or female)			•		•	•
die Halbpension	half board	•			•	•	•
die Heimatstadt (¨e)	home town				•		
das Hotelverzeichnis (-se)	hotel register				•		
der Personalausweis (-e)	personal ID card					•	
die Staatsangehörikeit (-en)	nationality			•		•	•

	MEG	NEAB	ULEAC	SEG	WJEC	NICCEA
🖈 die Unterschrift (-en) — signature	•	•	•	•	•	•
die Vollpension — full board		•			•	•
🖈 der Wohnort (-e) — place of residence				•	•	•
der Wohnsitz (-e) — domicile			•			

Holiday verbs

	MEG	NEAB	ULEAC	SEG	WJEC	NICCEA
abgeben (sep) — to hand in (i.e. lost property)						•
sich anmelden — to book in, to report	•				•	•
aufschlagen (sep) — to pitch (a tent)		•				
aufstellen (sep) — to pitch (a tent)				•		
ausfüllen — to complete (a form)	•		•	•	•	•
sich auskennen (sep) — to know one's way around						•
auspacken (sep) — to unpack	•		•	•		•
sich ausruhen (sep) — to relax, to rest	•			•		•
baden — to bathe	•		•	•	•	
bemerken — to notice			•	•		
beobachten — to observe, to watch						•
besichtigen — to see (the sights)	•		•	•		•
bleiben — to stay	•	•	•	•	•	•
blicken auf — to look at			•		•	
buchen — to book	•		•	•		•
einpacken (sep) — to pack	•		•	•		•
sich entspannen — to relax					•	
sich erkundigen — to enquire				•		
es gibt — there is, there are		•				
faulenzen — to laze about				•		
fließen — to flow	•			•		
fressen — to eat (animals)				•		
sich freuen auf — to look forward to	•	•	•			
führen — to lead	•			•	•	
füttern — to feed (animals)				•	•	•
gucken — to look	•				•	•
kauen — to chew				•		
läuten — to sound, to ring	•					•
legen — to lay	•			•	•	•
liegen — to lie	•			•	•	•
mieten — to hire, to rent	•			•	•	•
organisieren — to organise	•			•	•	•

		MEG	NEAB	ULEAC	SEG	WJEC	NICCEA
packen	to pack to wrap			•	•	•	•
planen	to plan	•		•	•		
reservieren	to reserve	•	•	•	•	•	•
sich sonnen	to sun oneself			•	•		
spazierengehen (sep)	to go for a walk	•	•	•	•	•	•
suchen	to look for	•		•	•	•	•
übernachten	to stay overnight	•	•	•	•	•	•
sich verirren	to get lost						•
vermieten	to rent out	•	•				•
verzollen	to declare (i.e. at customs)			•	•		•
vorhaben (sep)	to plan			•	•		•
zelten	to camp			•	•	•	

Abstractions

		MEG	NEAB	ULEAC	SEG	WJEC	NICCEA
die Angst (¨e)	fear	•		•	•	•	•
die Aushilfe (-n)	help	•					
der Blödsinn	madness, stupidity				•		
die Enttäuschung (-en)	disappointment						•
die Furcht	fear						•
das Glück	luck, fortune			•	•	•	•
die Hoffnung (-en)	hope			•	•	•	•
die Kraft (¨e)	strength						•
das Mitleid	sympathy						•
die Persönlichkeit (-en)	personality				•		
die Qualität (-en)	quality	•					•
die Ruhe	peace, quietness				•	•	•
die Schuld	debt, blame				•		
der Schutz	protection						•
die Sicherheit	safety			•			
die Sorge (-n)	care, worry			•			
der Stil (-e)	style, way, manner			•			
die Überraschung (-en)	surprise	•					•
das Vergnügen (-)	pleasure					•	
die Verzeihung	pardon					•	•
die Vorsicht	caution	•		•	•	•	•
die Wut	rage, fury						•
der Zorn	anger					•	•

Expressions

		MEG	NEAB	ULEAC	SEG	WJEC	NICCEA
abgemacht!	agreed				•		
Achtung!	careful!	•		•	•	•	•
Alles Gute!	all the best!	•		•		•	•
auf Wiedersehen!	goodbye	•	•	•	•	•	•
bitte	please	•		•	•	•	•
bzw. (beziehungsweise)	that is to say	•					
der Dank	thanks	•			•		
danke	thank you	•	•		•	•	•
danke schön	thank you very much				•		•
das geht	I'm fine				•		
das stimmt	that's right				•		
der Wievielte?	what date?	•					
einverstanden	agreed			•	•		
Entschuldigung!	excuse me!	•		•	•	•	•
es hat geklappt	it worked				•		
es kommt darauf an	it depends				•		
es macht nichts	it doesn't matter				•		
es tut mir leid	I'm sorry				•		
gleichfalls	same to you	•				•	
der Glückwunsch (⁻e)	congratulation	•			•	•	
der Gruß (⁻e)	greeting	•		•	•	•	•
Grüß Gott!	hello	•	•		•	•	•
gute Besserung!	get well soon!	•			•		
gute Nacht	goodnight				•		
gute Reise	good trip!				•		
guten Abend!	good evening				•		
guten Appetit!	enjoy your meal!	•		•	•		
guten Morgen!	good morning				•		
guten Tag!	good day!				•		
hallo!	hello	•					
herein!	come in!				•	•	
herzlichen Glückwunsch	congratulations				•		•
herzliches Beileid	with deepest sympathy				•		•
Hilfe!	help!	•	•	•		•	•
ja	yes	•	•	•	•		•
jawohl	yes indeed			•	•		
keine Ahnung!	no idea!			•	•		
Mahlzeit!	enjoy your meal!				•		
na!	well!					•	

German	English	MEG	NEAB	ULEAC	SEG	WJEC	NICCEA
natürlich	of course	•	•	•	•	•	
nein	no	•	•		•		
nichts zu danken	don't mention it				•	•	
prima!	great!	•	•	•	•	•	
Prost!	cheers!	•		•	•	•	•
Quatsch!	rubbish!	•			•		
raus!	get out!				•		
Schade!	what a pity!	•			•		•
selbstverständlich	of course				•		
Servus	hello, goodbye	•	•	•			
stimmt das?	is that right?				•		
Tschüß!	cheerio	•	•	•	•	•	
viel Glück	good luck				•		
viel Spaß	have good fun				•		
vielen Dank	many thanks						•
wie bitte?	I beg your pardon?			•	•		
wie geht's?	how are you?			•	•		
wieso?	how do you mean?	•				•	
wohl	well, I suppose					•	•
zum Wohl!	cheers!				•	•	

General verbs

German	English	MEG	NEAB	ULEAC	SEG	WJEC	NICCEA
sich bedanken	to thank				•		
bedauern	to regret						•
bedeuten	to mean		•	•	•	•	
beschreiben	to describe	•		•	•		•
sich beschweren	to complain			•			•
bestätigen	to confirm				•		
bitten (um)	to ask for			•	•	•	•
danken	to thank	•	•	•	•	•	
sich entschuldigen	to apologise			•	•	•	•
erklären	to explain	•		•	•	•	•
erzählen	to tell, to relate	•			•	•	•
fragen	to ask	•	•	•	•	•	•
gratulieren	to congratulate			•	•	•	•
leid tun	to be sorry	•			•	•	•
loben	to praise				•		
mitteilen (sep)	to communicate, to tell						•
nicken	to nod					•	
quatschen	to chatter					•	

		MEG	NEAB	ULEAC	SEG	WJEC	NICCEA
raten	to advise						•
sagen	to say	•	•	•	•	•	•
schreien	to shout, to shriek			•	•	•	
sprechen	to speak	•	•	•	•	•	•
streiten	to quarrel					•	•
sich unterhalten	to chat					•	
versprechen	to promise					•	•
vorschlagen (sep)	to suggest						•

Adjectives

		MEG	NEAB	ULEAC	SEG	WJEC	NICCEA
ärgerlich	annoyed					•	
böse	angry	•	•	•	•	•	•
dankbar	thankful			•	•		
durstig	thirsty	•	•	•	•	•	
enttäuscht	disappointed			•	•		•
erschöpft	exhausted						•
erstaunt	surprised				•		
froh	happy	•		•	•	•	•
fröhlich	happy	•		•	•	•	
gespannt	excited				•		
glücklich	happy, fortunate	•	•	•	•	•	•
heiter	cheerful						•
hoffnungsvoll	hopeful					•	
hungrig	hungry	•	•	•	•	•	
lieb	dear				•	•	
müde	tired	•	•	•	•	•	•
nervös	nervous				•		•
optimistisch	optimistic				•		
satt	full up, satisfied	•		•	•	•	
schlecht gelaunt	in a bad mood				•		•
schwind(e)lig	dizzy	•			•		
stolz	proud				•	•	
traurig	sad	•			•	•	•
überrascht	surprised					•	•
unglücklich	unfortunate, unhappy				•		
unzufrieden	unsatisfied				•		
verbunden	thankful, obliged		•		•		
wütend	furious						•
zornig	angry					•	•
zufrieden	satisfied			•	•		•

SPECIAL OCCASIONS

Occasions

German	English	MEG	NEAB	ULEAC	SEG	WJEC	NICCEA
der Adventkranz (¨e)	Advent wreath						•
die Bescherung (-en)	giving out of Christmas presents			•			
der erste Weihnachtstag (-e)	Christmas Day						•
evangelisch	Protestant				•	•	•
der Fasching	carnival	•	•	•	•		•
der Feiertag (-e)	public holiday			•	•	•	•
das Fest (-e)	party				•		•
die Festspiele (pl)	festival						•
der Festtag (-e)	special day, holiday					•	
Fröhliche Weihnachten	Happy Christmas		•				
der Geburtstag (-e)	birthday	•	•	•		•	•
das Geschenk (-e)	present	•	•	•	•	•	•
der Gott (¨er)	God	•			•		
der Gottesdienst (-e)	church service						•
der Heilige Abend (-e)	Christmas Eve	•			•		•
das Hoch	toast						•
die Hochzeit (-en)	wedding			•		•	•
die Kapelle (-n)	chapel					•	
der Karfreitag (-e)	Good Friday						•
der Karneval (-s)	carnival	•	•	•		•	•
der Katholik (-en)	Catholic man						
die Katholikin (-nen)	Catholic woman						
katholisch	Catholic				•	•	•
die Kermes (-sen)	fair						•
die Messe (-n)	mass, trade fair						•
mit besten, freundlichen Grüßen	with best wishes						•
das Neujahr (-e)	New Year	•	•	•			
das Oktoberfest (-e)	Munich Beer Festival						•
die Olympische Spiele (pl)	Olympic Games						•
der Osterhase (-n)	Easter Bunny					•	•
Ostermontag (-e)	Easter Monday						•
Ostern	Easter	•	•	•		•	•
Ostersonntag	Easter Sunday						•
Pfingsten	Whit	•		•		•	•

		MEG	NEAB	ULEAC	SEG	WJEC	NICCEA
der Protestant (-en)	Protestant man						•
die Protestantin (-nen)	Protestant woman						•
Sankt Nikolaus	Santa Claus						•
Silvester	New Year's Eve			•	•	•	•
Weihnachten	Christmas	•	•	•	•	•	•
der Wunsch (¨e)	wish	•			•		
der zweite Weihnachtstag	Boxing Day						•

Incidents

		MEG	NEAB	ULEAC	SEG	WJEC	NICCEA
das Abenteuer (-)	adventure				•		
der Brand (¨e)	fire				•		•
der Diebstahl (¨e)	theft				•		•
das Ding (-er)	thing	•			•		
das Drama (-s)	drama			•			•
die Drogenszene (-n)	drug scene				•		
der Fall (¨e)	event, case	•					
das Feuer (-)	fire	•		•	•	•	
der Feuerlöscher (-)	fire extinguisher				•		
der Feuerwehrwagen (-)	fire engine	•					
die Flamme (-n)	flame				•		
die Form (-en)	shape	•					
die Gefahr (-en)	danger	•		•	•		•
das Gericht (-e)	court of law			•	•	•	
die Geschichte (-n)	story, tale	•	•	•	•	•	•
die Hilfe	help			•	•		•
die Lebensgefahr	danger to life				•		
die Maske (-n)	mask						•
der Mord (-e)	murder				•		
die Not (¨e)	emergency			•	•		
der Notausgang (¨e)	emergency exit			•	•	•	
der Notfall (¨e)	emergency			•	•		
die Papiere (pl)	identity papers				•		
der Schaden (¨)	damage						•
tödlich verunglückt	killed in an accident						•
der Unfall (¨e)	accident			•	•	•	•
das Unglück (-e)	accident, misfortune			•	•		
die Warnung (-en)	warning	•			•	•	•

The people

		MEG	NEAB	ULEAC	SEG	WJEC	NICCEA
der Dieb (-e)	thief	•			•	•	•

		MEG	NEAB	ULEAC	SEG	WJEC	NICCEA
der Einbrecher (-)	burglar	•					
die Feuerwehr	fire brigade	•		•	•		•
eine Menge	crowd						•
der Notdienst (-e)	emergency service				•		•
die Polizei	police	•		•	•	•	•
der Taschendieb (-e)	pickpocket	•				•	
der Verbrecher (-)	criminal				•		

Verbs

		MEG	NEAB	ULEAC	SEG	WJEC	NICCEA
brechen	to break			•			•
brennen	to burn	•					•
einbrechen (sep)	to break in				•		
einfallen (sep)	to collapse				•		•
erbrechen	to force open						•
fallen	to fall			•	•		•
fallen lassen	to drop				•		
fassen	to grab, to take hold of				•		
fehlen	to be missing	•		•	•	•	•
festhalten	to hold onto	•				•	
fliegen	to run away				•		•
gelingen	to succeed						•
geschehen	to happen	•		•		•	•
hinfallen (sep)	to fall (in)	•			•		•
klappen	to work out well				•		
klopfen	to knock, beat, hit	•		•	•		•
kontrollieren	to check				•	•	•
passieren	to happen	•	•	•	•		•
Pech haben	to have bad luck			•	•		
schlagen	to hit, to strike	•		•	•	•	•
stehlen	to steal	•				•	
sterben	to die						•
verlieren	to lose	•		•	•	•	
vermeiden	to avoid						•
verschwinden	to disappear	•		•			•
vorkommen (sep)	to happen				•		
zusammenstoßen	to collide						•

Area of Experience C

The world around us

HOME TOWN AND LOCAL AREA

	MEG	NEAB	ULEAC	SEG	WJEC	NICCEA
The town						
die Allee (-n) — avenue	•					
die Ampel (-n) — traffic lights	•		•	•	•	•
die Anlage (-n) — park						•
das Blumenbeet (-e) — flower bed						•
die Brücke (-n) — bridge	•		•	•	•	•
der Brunnen (-) — well, fountain						•
der Bürgersteig (-e) — pavement					•	•
die Bushaltestelle (-n) — bus stop				•		
das Denkmal (-̈er) — monument			•			•
die Ecke (-n) — corner	•		•	•	•	•
der Flohmarkt (-̈e) — flea market						•
frisch gestrichen — fresh paint						•
der Fußgänger (-) — pedestrian				•	•	•
die Fußgängerzone (-n) — pedestrian zone	•		•	•	•	•
die Gasse (-n) — lane					•	•
der Gehsteig (-e) — pavement					•	
die Glocke (-n) — bell						•
der Hafen (-̈) — port	•			•	•	•
die Haltestelle (-n) — bus/tram stop	•	•	•	•	•	•
die Hauptstadt (-̈e) — capital city	•				•	
die Innenstadt (-̈e) — city centre	•					
der Markt (-̈e) — market	•	•	•		•	•
der Marktplatz (-̈e) — marketplace			•	•	•	•
die Nähe — vicinity	•	•		•	•	•
der Park (-s) — park		•			•	•
die Parkanlage (-n) — park	•					
der Parkplatz (-̈e) — car park	•	•	•	•	•	•
der Platz (-̈e) — place, square	•	•	•	•	•	•
der Rand (-̈er) — edge						•

	MEG	NEAB	ULEAC	SEG	WJEC	NICCEA
die Sackgasse (-n) — cul-de-sac						•
die Sehenswürdigkeit (-en) — attractions	•	•	•			•
der Spielplatz (⸚e) — playground	•				•	
die Stadmitte (-n) — town centre	•	•	•	•	•	
die Stadt (⸚e) — town	•	•		•	•	•
das Stadtteil (-e) — part of a town, quarter			•			
das Stadtwappen (-) — municipal coat of arms					•	
das Stadtzentrum — town centre			•			
die Stockung (-en) — traffic jam						•
die Straße (-n) — street	•	•	•	•	•	•
die Umgebung (-en) — surroundings			•	•		
die Unterführung (-en) — subway, underpass						•
der Verkehr (-) — traffic	•		•	•	•	•
der Vorort (-e) — suburb			•		•	•
die Vorstadt (⸚e) — suburb				•		
der Zeitungsstand (⸚e) — newspaper stand					•	•
das Zentrum (Zentren) — centre						•

The buildings

	MEG	NEAB	ULEAC	SEG	WJEC	NICCEA
die Altstadt (⸚e) — old town						•
die Bibliothek (-en) — library		•	•	•	•	•
die Burg (-en) — castle	•		•	•	•	•
der Dom (-e) — cathedral	•	•	•	•	•	•
das Fundamt (⸚er) — lost-property office	•		•			•
das Gebäude (-) — building	•		•	•		•
die Kirche (-n) — church	•	•	•	•	•	•
das Münster (-) — cathedral	•					•
das Museum (-een) — museum	•	•				•
die Polizeiwache (-n) — police station	•		•	•	•	
das Rathaus (⸚er) — town hall	•		•	•	•	•
das Revier (-e) — police station						•
das Schloß (⸚sser) — castle	•	•	•	•	•	•
der Turm (⸚e) — tower	•					
das Wirtshaus (⸚er) — pub, tavern			•		•	•

The shops

	MEG	NEAB	ULEAC	SEG	WJEC	NICCEA
die Apotheke (-n) — chemist's	•	•	•	•	•	•
die Bäckerei (-en) — bakery	•	•	•	•	•	•
die Bücherei (-en) — bookshop	•				•	•
die Buchhandlung (-en) — bookshop			•	•		•

	MEG	NEAB	ULEAC	SEG	WJEC	NICCEA
die Drogerie (-n) — drugstore	•	•	•	•	•	•
die Konditorei (-en) — cake shop	•	•	•	•	•	•
der Laden (⁻) — shop	•		•	•	•	•
das Lebensmittelgeschäft (-e) — grocer's						•
die Metzgerei (-en) — butcher's	•	•	•	•	•	•
die Reinigung (-en) — cleaner's						•
das Reisebüro (-s) — travel agent			•	•	•	•
das Schreibwarengeschäft (-e) — stationer's				•		
die Schreibwarenhandlung (-en) — stationer's						•
das Sportgeschäft (-e) — sports shop						•
der Supermarkt (⁻e) — supermarket	•	•	•		•	•
die Wechselstube (-n) — bureau de change			•	•	•	•

Shopping

	MEG	NEAB	ULEAC	SEG	WJEC	NICCEA
das Angebot (-e) — offer					•	
der Artikel (-) — article	•			•		•
der Ausverkauf (⁻e) — sale				•	•	
die Auswahl (-en) — selection, choice						•
der Automat (-en) — vending machine	•		•	•	•	
der Beutel (-) — bag				•		
die Büchse (-n) — tin, can						•
die Dose (-n) — tin	•	•	•	•	•	•
die Einkaufsliste (-n) — shopping list				•		
der Einkaufswagen (-) — shopping trolley					•	
einschließlich — inclusive, included				•	•	•
die Ermäßigung (-en) — reduction (in cost)	•	•	•	•		•
die Garantie (-n) — guarantee				•		•
die Gebrauchsanweisung (-en) — instructions for use				•		•
die Gebühr (-en) — fee, charge				•		•
das Geld (-er) — money	•	•	•	•	•	•
die Geldrückgabe (-n) — money back				•		
das Gerät (-e) — appliance						•
die Geschäftszeiten (pl) — business hours	•	•			•	
die Größe (-n) — size	•	•	•	•	•	•
haltbar bis — use by (the sell-by date)					•	
die Kanne (-n) — can					•	•

		MEG	NEAB	ULEAC	SEG	WJEC	NICCEA
die Kasse (-n)	check-out	•	•	•	•	•	•
der Kiosk (-e)	kiosk			•			•
die Konfektion	clothing	•					
kostenlos	free of charge	•	•	•	•	•	•
der Kunde (-n)	client, customer					•	•
die Kundin (-nen) (f)	client, customer						•
die Lebensmittel (pl)	food	•		•	•	•	•
die Liste (-n)	list	•		•	•	•	•
das macht ...	that makes ...				•		
die Marke (-n)	brand, make			•	•	•	
die Mehrwertsteuer/MWSt	VAT	•		•	•	•	
die Mode (-n)	fashion	•		•	•	•	•
die Öffnungszeiten (pl)	opening times	•	•		•	•	
das Pfand (¨er)	deposit on bottle			•			
der Preis (-e)	price	•	•	•	•	•	•
die Quittung (-en)	receipt			•	•	•	•
die Rolltreppe (-n)	escalator			•	•		•
die Scheibe (-n)	slice			•	•	•	•
die Schlange (-n)	queue, tail			•	•		•
der Schlußverkauf (¨e)	closing-down sale	•					
die Selbstbedienung	self-service	•		•	•	•	•
der Sommerschlußverkauf (¨e)	end-of-summer sale				•	•	
das Sonderangebot (-e)	special offer	•	•	•	•	•	•
der Sonderpreis (-e)	special price	•		•			
die Tasche (-n)	bag	•	•	•		•	•
die Theke (-n)	counter						•
die Tüte (-n)	bag	•	•	•		•	•
umsonst	free						•
die Ware (-n)	product, goods	•					

Adjectives

		MEG	NEAB	ULEAC	SEG	WJEC	NICCEA
alkoholfrei	non-alcoholic						•
altmodisch	out of date			•			
ausverkauft	sold out		•				•
billig	cheap	•	•	•	•	•	•
bitter	bitter						•
erhältlich	obtainable			•			
fett	fatty						•
frei	free	•		•	•	•	•

	MEG	NEAB	ULEAC	SEG	WJEC	NICCEA
frisch	fresh	•		•	•	•	•
gebacken	baked						•
gebraten	roast, baked, fried						•
gebührenpflichtig	fee payable						•
gemischt	mixed			•	•		
geöffnet	open	•		•	•	•	•
geschlossen	closed	•	•	•	•	•	•
gestreift	striped			•			
getrennt	separate (paying bill)	•			•		•
gratis	free of charge				•		•
kariert	checked			•			
klassisch	classical	•				•	•
kostbar	expensive	•				•	
köstlich	costly				•		
offen	open	•	•	•	•		
preiswert	cheap, good value	•	•	•	•	•	•
schick	elegant, chic				•	•	
silbern	silver						•
süß	sweet	•	•	•	•		•
teuer	expensive	•	•	•	•	•	•
wert	worth				•		
wertvoll	valuable			•			
zollfrei	duty-free			•	•		

Places

	MEG	NEAB	ULEAC	SEG	WJEC	NICCEA
die Abteilung (-en)	department (e.g. in shop)			•	•	•	•
die Bude (-n)	stall (market)				•		
das Einkaufszentrum (-en)	shopping centre			•	•		•
das Erdgeschoß (-sse)	ground floor			•	•	•	•
die Etage (-n)	storey, floor			•	•		•
die Fußgängerzone (-n)	pedestrian precinct	•		•	•	•	•
das Kaufhaus (-er)	department store	•	•	•	•	•	•
das Obergeschoß (-sse)	upper floor				•		
das Schaufenster (-)	shop window			•	•	•	•
der Stock (-e)	floor, storey	•		•	•	•	•
das Stockwerk (-e)	floor, storey	•		•	•		
die Umkleidekabine (-n)	fitting room						•
das Warenhaus (-er)	department store	•		•		•	•

Shopping verbs

		MEG	NEAB	ULEAC	SEG	WJEC	NICCEA
anprobieren (sep)	to try on	•		•	•		•
sich bedienen	to serve yourself	•		•	•	•	
einführen (sep)	to insert						•
einkassieren (sep)	to collect (e.g. money)						•
Einkäufe machen	to go shopping	•			•	•	
einkaufen	to shop	•		•	•	•	•
kassieren	to collect (e.g. money)						•
kosten	to cost	•	•	•	•	•	•
kriegen	to get	•			•		•
öffnen	to open	•	•		•	•	•
passen	to suit			•		•	•
probieren	to try out	•		•	•	•	•
in Raten zahlen	to pay by instalments						•
schieben	to push				•		
Schlange stehen	to stand in a queue					•	•
speichern	to store			•			
sich umsehen	to look round			•			
verkaufen	to sell	•		•	•	•	•
zahlen	to pay		•	•	•	•	•
ziehen	to pull	•		•		•	
zuhaben (sep)	to be closed						•
zumachen (sep)	to close	•	•	•	•	•	•

At the Post Office

		MEG	NEAB	ULEAC	SEG	WJEC	NICCEA
der Absender (-)	sender (e.g. of letter)	•		•	•		•
die Anschrift (-en)	address (on letter)			•	•	•	•
der Brief (-e)	letter	•	•	•	•	•	•
der Briefkasten (⁻)	letter-box	•		•		•	•
die Briefmarke (-n)	stamp	•	•	•	•	•	•
der Briefumschlag (⁻e)	envelope						•
der Eilbrief (-e)	express letter						•
der Einwurf (⁻e)	slot for letters/coins					•	
der Empfänger (-)	recipient, addressee						•
die Leerung (-en)	collection of mail					•	
die Luftpost	airmail					•	•
das Päckchen (-)	packet	•	•	•	•	•	•
die Packung (-en)	packet	•		•	•	•	•
das Paket (-e)	parcel	•	•		•	•	•
die Post	post office	•	•			•	•

	MEG	NEAB	ULEAC	SEG	WJEC	NICCEA
das Postamt (¨er) — post office	•		•	•	•	•
die Postanweisung (-en) — postal order						•
das Postleitzahl (-en) — post code	•	•		•	•	•
das Postwertzeichen (-) — stamp					•	
das Schließfach (¨er) — PO box				•		•
der Stempel (-) — rubber stamp						•
das Telegramm (-e) — telegram						•
der Umschlag (¨e) — envelope				•		•

At the bank

	MEG	NEAB	ULEAC	SEG	WJEC	NICCEA
die Anweisung (-en) — payment					•	
die Bank (-en) — bank			•		•	•
die Banknote (-n) — banknote	•		•			
DM — German Mark					•	
der Euroscheck (-s) — Eurocheque						•
der Franken — Swiss franc				•		•
das Geld (-er) — money	•	•	•	•	•	•
der Geldwechsel (-) — currency exchange	•		•		•	•
der Groschen (-) — 10 Pfennig coin	•	•		•	•	
das Konto (-s) — account	•		•			•
die Kreditkarte (-n) — credit card						•
der Kurs (¨e) — rate of exchange				•		•
die Mark (-) — German Mark	•		•	•	•	•
das Markstück (-e) — Mark coin	•					
die Münze (-n) — coin	•		•	•	•	•
der Pfennig (-e) — Pfennig	•	•	•	•	•	•
das Pfund (-e) — pound	•	•	•	•	•	•
der Rappen (-) — centime				•		
der Reisescheck (-s) — travellers cheque			•	•		•
der Scheck (-s) — cheque	•		•	•		•
die Scheckkarte (-n) — cheque card	•					•
der Schein (-e) — bank-note	•		•		•	•
der Schilling (-s) — shilling	•	•		•		•
die Sparkasse (-n) — savings bank	•		•	•	•	

Bank verbs

	MEG	NEAB	ULEAC	SEG	WJEC	NICCEA
ausgeben (sep) — to spend (money)			•	•	•	•
einlösen (sep) — to cash (cheque)			•	•	•	
einzahlen (sep) — to pay in (into an account)						•

		MEG	NEAB	ULEAC	SEG	WJEC	NICCEA
leihen	to lend	•		•	•	•	•
lösen	to cash, to buy (tickets)			•	•	•	•
sparen	to save	•	•	•	•		
unterschreiben	to sign	•	•	•	•	•	•
verdienen	to earn	•		•	•	•	
wechseln	to change	•		•	•		•

THE NATURAL AND MADE ENVIRONMENT

Environment

		MEG	NEAB	ULEAC	SEG	WJEC	NICCEA
der Bach (¨e)	stream, brook						•
der Bauernhof (¨e)	farm	•		•		•	•
der Berg (-e)	mountain	•	•	•	•	•	•
das Blatt (¨er)	leaf (of tree)					•	•
das Dorf (¨er)	village		•	•	•	•	•
der Dschungel (-)	jungle					•	
die Erde	earth	•		•	•		
das Feld (-er)	field	•		•		•	•
der Fluß (Flüsse)	river		•	•	•	•	
das Flußufer (-)	river bank					•	
der Föhn (-e)	foehn (wind)	•				•	
das Gebirge	mountain range			•		•	•
die Gegend (-en)	area	•	•			•	
das Gift (-e)	poison						•
der Gipfel (-)	summit, peak					•	•
die Großstadt (¨e)	large city				•	•	
der Grund (¨e)	ground						•
das Heu	hay						•
der Himmel	sky, heaven			•	•		•
das Hochgebirge	high mountains						•
der Hügel (-)	hill	•		•			•
das Industriegebiet (-e)	industrial area					•	•
die Industriestadt (¨e)	industrial town					•	
die Insel (-n)	island	•		•	•	•	•
die Jahreszeit (-en)	season of year		•			•	
die Kohle (-n)	coal						
das Korn (¨er)	seed, grain						•

	MEG	NEAB	ULEAC	SEG	WJEC	NICCEA
das Land (¨er) — country	●	●	●	●	●	●
die Landschaft (-en) — countryside		●	●	●		●
die Luft — air			●	●		●
das Mittelgebirge — low mountain range						●
der Mond (-e) — moon			●			●
die Natur — nature	●		●			●
der Ort (-e) — place	●		●		●	●
die Ortschaft (-en) — village, town			●			
der Pfad (-e) — path						●
die Quelle (-n) — source			●			
der Rauch — smoke						●
der See (-n) — lake	●		●	●	●	●
die See (-n) — sea	●		●	●	●	●
der Sonnenaufgang (¨e) — sunrise						●
der Sonnenuntergang (¨e) — sunset						●
die Spitze (-n) — summit	●					●
der Steig (-e) — steep track					●	
der Stern (-e) — star			●	●		●
der Strom (¨e) — large river						●
das Tal (¨er) — valley	●				●	●
der Tannenbaum (¨e) — fir tree			●	●		
die Tiefebene (-n) — lowland plain						●
der Tropfen (-) — drop (e.g. water)					●	●
das Ufer (-) — river bank			●			●
die Umwelt — environment						
der Wald (¨er) — forest	●		●	●	●	●
die Welt (-en) — world			●	●	●	●
die Wiese (-n) — meadow	●					●

Animals

	MEG	NEAB	ULEAC	SEG	WJEC	NICCEA
der Affe (-n) — monkey, ape						●
der Bär (-en) — bear						●
die Biene (-n) — bee						●
der Elefant (-en) — elephant						●
die Ente (-n) — duck						●
die Gans (¨e) — goose						●
das Huhn (¨er) — hen						●
das Insekt (-en) — insect			●			●
das Krokodil (-e) — crocodile						●
die Kuh (¨e) — cow			●	●	●	●

German	English	MEG	NEAB	ULEAC	SEG	WJEC	NICCEA
der Löwe (-n)	lion					•	•
die Maus (⁻e)	mouse	•		•	•	•	•
die Mücke (-n)	mosquito						•
das Nilpferd (-e)	hippo						•
das Pferd (-e)	horse	•	•	•	•	•	•
der Pinguin (-e)	penguin						•
die Ratte (-n)	rat						•
das Schaf (-e)	sheep					•	•
der Schmetterling (-e)	butterfly						•
das Schwein (-e)	pig				•	•	•
die Spinne (-n)	spider				•		
das Tier (-e)	animal	•		•	•	•	•
der Tiger (-)	tiger						•
das Vieh	livestock						•
der Vogel (⁻)	bird	•		•	•	•	•
die Wespe (-n)	wasp						•

At the seaside

German	English	MEG	NEAB	ULEAC	SEG	WJEC	NICCEA
der Eimer (-)	bucket						•
die Flut (-en)	tide				•		
der Kai (-s)	quay				•		
die Küste (-n)	coast	•		•	•		•
die Luftmatratze (-n)	airbed				•		
das Meer (-e)	sea	•		•	•	•	•
der Sand	sand						•
der Strand (⁻e)	beach	•		•	•	•	•
das Strandbad (⁻er)	seawater swimming pool						•
die Welle (-n)	wave						•

The colours

German	English	MEG	NEAB	ULEAC	SEG	WJEC	NICCEA
blau	blue	•	•	•	•	•	•
braun	brown	•	•	•	•	•	•
die Farbe (-n)	colour	•	•	•	•	•	•
gelb	yellow	•	•	•	•		•
grau	grey	•	•	•	•	•	•
grün	green	•	•	•	•		•
hell	bright	•	•	•	•	•	•
lila	purple			•	•		
orange	orange			•			
rosa	pink	•	•		•	•	

German	English	MEG	NEAB	ULEAC	SEG	WJEC	NICCEA
rot	red	•	•	•	•	•	•
schwarz	black	•	•	•	•	•	•
türkis	turquoise			•			
weiß	white	•	•	•	•	•	•

Adjectives

German	English	MEG	NEAB	ULEAC	SEG	WJEC	NICCEA
flach	flat			•	•		•
gefährlich	dangerous	•		•	•		•
gerade	straight	•	•		•		
glitschig	slippy, slippery				•		
hoch	high, tall	•	•	•	•	•	•
höher	higher					•	
steil	steep						•
still	quiet	•		•		•	•
tief	deep	•		•	•		
umweltfeindlich	ecologically harmful			•			
umweltfreundlich	eco-friendly			•			•
weit	far	•	•	•	•	•	

Situations

German	English	MEG	NEAB	ULEAC	SEG	WJEC	NICCEA
auf dem Lande	in the country			•			
an Bord	on board					•	•
da	there	•	•	•	•		•
daher	from there					•	
dahin	there					•	
dort	there			•		•	•
dort drüben	over there					•	
dorthin	there					•	
draußen	outside	•		•	•	•	•
drinnen	inside	•				•	•
drüben	over there	•	•			•	
fort	away				•		
geradeaus	straight on	•		•	•	•	•
heim	home	•					
her	towards the speaker		•				
hier	here	•	•	•	•	•	•
hin	away from the speaker	•	•				
hinein	in					•	•
hinten	behind	•		•	•	•	•
irgendwo	somewhere or other		•			•	

		MEG	NEAB	ULEAC	SEG	WJEC	NICCEA
links	left	•	•	•	•	•	•
die Mitte (-n)	middle	•	•		•		•
mitten	in the middle			•			
nach Hause	(to) home			•			•
in der Nähe von	in the vicinity of						•
nirgendwo	nowhere						•
oben	above, upstairs	•		•	•	•	•
quer	at right angles			•			
rechts	right	•	•	•	•	•	•
rückwärts	backwards			•			
der Schatten (-)	shadow	•					•
überall	everywhere	•	•	•	•	•	
unten	below, downstairs	•		•	•		•
unterwegs	on the way				•		•
vorne	at the front	•				•	•
vorwärts	forwards			•			
weg	away	•				•	
weiter	further			•			
zu Fuß	on foot				•		
zu Hause	at home				•		
zurück	back	•			•	•	•

Compass locations

		MEG	NEAB	ULEAC	SEG	WJEC	NICCEA
der Norden	north	•	•		•	•	•
der Osten	east	•	•		•	•	•
der Süden	south	•	•		•	•	•
der Westen	west	•	•		•	•	•

How much?

		MEG	NEAB	ULEAC	SEG	WJEC	NICCEA
etwa	approximately, about	•	•	•	•	•	
fast	almost	•	•	•	•	•	•
ganz	quite, very	•	•	•	•	•	•
gar nicht	not at all		•		•		•
insgesamt	altogether, all in all				•	•	•
kaum	scarcely			•	•	•	•
mehr	more	•		•	•	•	•
mindestens	at least				•		
minus	minus						•
nur	only	•	•	•	•	•	
soviel	as much, so much	•					•

	MEG	NEAB	ULEAC	SEG	WJEC	NICCEA
überhaupt — on the whole	•					•
ungefähr — about, approximately	•	•	•	•		•
völlig — completely				•		
wenig — little	•	•	•	•	•	•
wenigstens — at least						•
wieder — again	•	•		•	•	•
ziemlich — quite	•	•	•	•	•	•

How?

	MEG	NEAB	ULEAC	SEG	WJEC	NICCEA
allein — alone	•	•	•	•		
am besten — best						•
am liebsten — best of all, most of all					•	•
auch — also	•	•		•	•	•
außer Betrieb — out of order	•		•			
besonders — especially	•	•	•		•	•
genau — exactly	•	•	•	•	•	•
genauso — just					•	•
gern — willingly	•	•	•	•	•	•
glücklicherweise — fortunately					•	•
hoffentlich — hopefully	•	•	•	•		•
langsam — slowly	•	•	•	•	•	•
leider — unfortunately	•		•		•	•
leise — softly, gently	•			•	•	•
schnell — quickly	•	•	•	•	•	•
sehr — very	•	•	•	•	•	•
total — totally				•		
unbedingt — absolutely					•	
ungern — reluctantly					•	
vor allem — above all					•	
wahrscheinlich — probably		•	•	•		•
wirklich — really	•	•	•	•	•	
zufällig — by chance						•
zusammen — together	•	•	•	•	•	

When?

	MEG	NEAB	ULEAC	SEG	WJEC	NICCEA
anschließend — afterwards						•
auf einmal — all at once, at the same time			•			
bald — soon	•	•		•	•	
der Beginn (-e) — beginning	•	•				•

		MEG	NEAB	ULEAC	SEG	WJEC	NICCEA
damals	then, at that time	•	•		•		
danach	afterwards					•	•
dann	then	•	•	•	•	•	•
das Datum (-en)	date	•	•	•	•	•	
diesmal	this time				•		
eines Tages	one day			•			
einmal	once	•			•	•	
endlich	at last	•	•	•	•	•	•
erst	first, firstly	•	•		•	•	•
erst	not until, only	•	•		•	•	•
früh	early	•	•	•	•	•	
gestern	yesterday	•	•	•	•	•	•
gleich	immediately	•	•	•	•	•	
heute	today	•	•	•	•	•	•
heutzutage	nowadays				•		
immer	always	•	•	•	•	•	•
immer noch	still	•				•	
inzwischen	meanwhile				•		
irgendwann	sometime or other			•			
jetzt	now	•	•	•	•	•	•
jeweils	each time			•			
lange	for a long time			•	•		
das Mal (-e)	time	•	•		•		•
meistens	mostly				•	•	
der Mittag (-)	midday	•	•	•	•	•	•
Mitternacht	midnight	•	•	•	•	•	
morgen	tomorrow	•	•	•	•	•	•
nachdem	after	•					•
nachher	afterwards	•	•	•			
neulich	recently	•			•		
noch	still, yet	•	•	•		•	•
noch mal	again			•		•	
noch nicht	not yet			•	•		
nochmals	again				•		
plötzlich	suddenly	•	•	•	•		
pünktlich	punctual			•	•	•	•
schließlich	finally	•		•		•	•
schon	already	•	•	•	•	•	•
sofort	immediately	•	•	•	•	•	
sogleich	straight away	•					

		MEG	NEAB	ULEAC	SEG	WJEC	NICCEA
spät	late	•	•	•	•	•	
später	later		•				
übermorgen	day after tomorrow	•	•	•	•		•
vor kurzem	a short time ago				•		
vorgestern	day before yesterday	•	•		•		•
die Weile (-n)	while	•					
wenn	when	•		•		•	•
die Zeit (-en)	time	•		•	•	•	•
zuerst	at first	•		•	•	•	•
zunächst	at first					•	
zur Zeit	at the time				•		

How long?

		MEG	NEAB	ULEAC	SEG	WJEC	NICCEA
der Abend (-e)	evening	•	•	•	•	•	•
der Alltag (-e)	weekday			•			
der Augenblick (-e)	moment	•	•	•	•	•	•
das Jahr (-e)	year	•	•	•	•	•	•
das Jahrhundert (-e)	century	•		•		•	
die Minute (-n)	minute	•	•				•
der Moment (-e)	moment	•	•				•
der Monat (-e)	month	•	•	•	•	•	•
der Morgen (-)	morning	•	•	•	•	•	•
der Nachmittag (-e)	afternoon	•	•	•	•	•	•
die Nacht (-e)	night	•	•	•	•	•	•
die Sekunde (-n)	second	•	•			•	•
die Stunde (-n)	hour	•	•	•	•	•	•
der Tag (-e)	day	•	•	•	•	•	•
die Viertelstunde (-n)	quarter of an hour					•	•
der Vormittag (-e)	morning	•	•	•	•	•	•
die Woche (-n)	week	•	•		•	•	•
das Wochenende (-n)	weekend	•	•			•	•

How often?

		MEG	NEAB	ULEAC	SEG	WJEC	NICCEA
abends	in the evening	•		•	•	•	•
gewöhnlich	usually		•	•		•	•
jährlich	yearly						•
manchmal	sometimes	•	•	•	•	•	•
mittags	at lunchtimes, at midday			•		•	
monatlich	monthly					•	•
morgens	in the mornings	•		•	•	•	•

		MEG	NEAB	ULEAC	SEG	WJEC	NICCEA
nachmittags	in the afternoons	●		●	●		●
nachts	at night	●		●		●	●
normalerweise	normally			●	●		
oft	often	●	●	●	●	●	●
regelmäßig	regular						●
selten	rarely			●		●	●
stündlich	hourly				●		
täglich	daily		●	●	●	●	●
vormittags	in the mornings	●		●	●	●	●
werktags	on working days	●				●	
wochentags	on weekdays	●				●	
wöchentlich	weekly						●

Adjectives

		MEG	NEAB	ULEAC	SEG	WJEC	NICCEA
häufig	frequent					●	●
monatelang	lasting for months	●					
rechtzeitig	punctual					●	●
stundenlang	lasting several hours				●		

The weather

		MEG	NEAB	ULEAC	SEG	WJEC	NICCEA
der Blitz (-e)	lightning	●	●			●	●
Celsius	Celsius, centigrade				●		
der Donner (-)	thunder	●	●			●	●
das Eis	ice				●	●	●
es donnert	there is lightning						●
es regnet	it's raining						●
es schneit	it's snowing						●
der Frost (-e)	frost		●				●
das Gewitter (-)	thunderstorm	●	●	●	●		●
der Grad (-e)	degree	●	●	●	●	●	●
der Hagel	hail						●
die Hitze (-n)	heat				●		●
die Höchsttemperatur	highest temperature					●	●
die Kälte	cold						●
das Klima (-s)	climate				●		●
die Nässe	damp, wet						●
der Nebel (-)	fog	●	●	●	●	●	●
der Niederschlag (-e)	precipitation					●	●
der Regen	rain	●	●	●	●		●
der Schauer (-)	shower	●	●		●	●	●

		MEG	NEAB	ULEAC	SEG	WJEC	NICCEA
der Schnee	snow	•	•	•	•	•	•
die Sonne (-n)	sun	•	•	•	•	•	•
der Sturm (¨e)	storm	•	•				•
die Temperatur (-en)	temperature			•		•	•
das Tief (-s)	depression						•
die Tiefsttemperatur	lowest temperature				•	•	
das Wetter	weather	•	•	•	•	•	
der Wetterbericht (-)	weather report	•	•	•	•		•
die Wettervorhersage (-n)	weather forecast	•	•	•	•		•
der Wind (-e)	wind	•	•	•	•		•
die Wolke (-n)	cloud	•		•	•		•

Weather adjectives

		MEG	NEAB	ULEAC	SEG	WJEC	NICCEA
bedeckt	cloudy, overcast			•	•	•	
bewölkt	cloudy			•	•		•
dunkel	dark	•	•	•	•	•	•
feucht	damp			•			•
heiß	hot	•	•	•	•	•	•
kalt	cold	•	•	•	•	•	•
kühl	cool	•	•	•	•	•	•
mild	mild					•	•
naß	wet	•	•	•	•	•	•
neblig	foggy		•	•	•	•	•
niedrig	low					•	•
nördlich	northerly			•		•	•
östlich	easterly					•	•
regnerisch	rainy		•	•		•	•
schwül	sultry					•	•
sonnig	sunny	•	•	•	•	•	•
stürmisch	stormy	•	•		•	•	•
südlich	southerly					•	
trocken	dry		•	•	•	•	•
warm	warm	•	•	•	•	•	
wechselhaft	changeable			•			
westlich	westerly					•	
windig	windy	•	•			•	•
wolkenlos	cloudless					•	
wolkig	cloudy	•	•			•	•

		MEG	NEAB	ULEAC	SEG	WJEC	NICCEA
Weather verbs							
blitzen	to flash (lightning)	•	•	•	•	•	•
donnern	to thunder	•	•			•	
frieren	to be cold, to freeze	•	•	•	•	•	•
regnen	to rain	•	•		•	•	
scheinen	to shine	•	•			•	
schneien	to snow	•	•			•	•
Shapes and sizes							
breit	wide	•	•	•		•	
eng	narrow	•	•	•	•	•	
enorm	enormous			•			
klein	small	•	•	•	•	•	
kurz	short	•	•	•		•	•
lang	long	•	•	•	•	•	•
mittelgroß	of average height	•			•	•	
rund	round	•		•	•	•	
schmal	narrow	•	•				

PEOPLE

		MEG	NEAB	ULEAC	SEG	WJEC	NICCEA
Positive adjectives							
am liebsten	favourite		•				
ausgezeichnet	excellent	•		•			•
befriedigend	satisfactory						•
berühmt	famous			•	•	•	•
besser	better		•	•	•		
beste	best				•		
echt	genuine, real			•			•
erfolgreich	successful			•			•
fabelhaft	splendid				•		
fantastich	fantastic				•		
fein	fine				•	•	•
günstig	favourable						•
gut	good	•	•	•	•	•	•
herrlich	wonderful	•	•			•	
klasse	terrific	•	•	•			
lecker	delicious	•	•	•		•	•
merkwürdig	remarkable						•

		MEG	NEAB	ULEAC	SEG	WJEC	NICCEA
nett	nice	•	•	•	•	•	•
rein	clean						•
sauber	clean	•	•	•	•	•	•
sehenswert	worth seeing			•		•	•
selbständig	independant						•
sicher	certain, safe	•	•	•	•	•	
toll	super	•	•	•	•		•
wahr	true			•	•	•	
wunderbar	wonderful	•	•	•	•		
wunderschön	wonderful	•		•			

Negative adjectives

		MEG	NEAB	ULEAC	SEG	WJEC	NICCEA
beschädigt	damaged						•
dreckig	dirty					•	•
drogenabhängig	addicted			•			
falsch	false, incorrect	•	•	•	•	•	•
furchtbar	terrible	•	•	•	•	•	
fürchterlich	terrible					•	
giftig	poisonous						•
kaputt	broken	•		•	•	•	•
kompliziert	complicated	•		•		•	
mangelhaft	defective, weak	•			•		
mies	rotten, lousy			•			
sauer	sour	•		•	•	•	•
scheußlich	dreadful			•			
schlecht	bad	•	•		•	•	•
schlimm	bad	•		•			•
schrecklich	awful	•			•	•	
schwach	weak	•	•	•	•	•	•
verdammt	damned					•	
vergebens	of no avail						•

Physical adjectives

		MEG	NEAB	ULEAC	SEG	WJEC	NICCEA
ähnlich	similar						•
alt	old	•	•	•	•	•	•
anders (als)	different (from)	•		•	•	•	
anstrengend	strenuous						•
bereit	ready					•	
bunt	bright	•	•	•	•	•	•
deutlich	clear					•	

		MEG	NEAB	ULEAC	SEG	WJEC	NICCEA
dringend	urgent					•	•
eben	just, flat	•		•	•	•	
egal	equal, same	•	•		•		•
fertig	ready	•	•	•	•	•	•
fließend	fluent					•	•
fremd	strange, foreign	•		•	•	•	•
geboren (geb.)	born	•	•	•	•	•	•
genau	exact	•	•	•	•	•	
glatt	smooth				•	•	•
golden	golden						•
groß	big	•	•	•	•	•	•
hart	hard					•	
historisch	historical			•			
kinderleicht	childishly simple	•					
klar	obvious	•		•	•	•	
komisch	amusing, strange	•	•	•	•		•
laut	loud	•		•	•	•	
leer	empty	•	•	•	•	•	•
leicht	light, easy			•	•	•	•
normal	normal	•					
scharf	sharp	•	•		•	•	•
seltsam	strange						•
spannend	exciting				•		•
typisch	typical	•	•		•	•	
unglaublich	unbelievable					•	
voll	full	•	•	•	•	•	•
wach	awake				•	•	•

The world of work

JOB APPLICATIONS

Work

German	English	MEG	NEAB	ULEAC	SEG	WJEC	NICCEA
die Aktentasche (-n)	briefcase			•			
das Antragsformular (-e)	application form			•			
die Arbeit (-en)	work	•			•	•	•
das Arbeitspraktikum	work experience		•	•			
die Ausbildung	training				•		•
der Beruf (-e)	profession	•	•	•	•	•	•
der Berufswunsch (¨e)	choice of job				•		
die Bewerbung (-en)	job application				•		
die Bezahlung (-en)	pay, payment				•		
die Bildung	education						•
die Chance (-n)	chance, opportunity					•	
der Computer (-)	computer	•	•			•	•
das Diplom (-e)	diploma				•		
der Eindruck (¨e)	impression						•
der Feierabend (-e)	end of work, evening			•	•	•	•
das Geld (-er)	money	•	•	•	•	•	•
die Gelegenheit (-en)	opportunity				•		
die Genehmigung (-en)	approval, permit						•
halbtags	half-day/part-time				•		
der Handel	trade				•		
der Job (-s)	job				•		•
der Kurs (-e)	course				•		•
der Lebenslauf (¨e)	curriculum vitae				•		
die Lehre (-n)	apprenticeship						•
die Litfaßsäule (-n)	advertising column						•
die Möglichkeit (-en)	possibility				•		
die Qualifikation (-en)	qualification				•		
der Ruhetag (-e)	day off				•		
die Schreibmaschine (-n)	typewriter					•	

The world of work

Job applications

Work

	MEG	NEAB	ULEAC	SEG	WJEC	NICCEA
die Aktentasche (-n) — briefcase			•			
das Antragsformular (-e) — application form			•			
die Arbeit (-en) — work	•			•	•	•
das Arbeitspraktikum — work experience		•	•			
die Ausbildung — training				•		•
der Beruf (-e) — profession	•	•	•	•	•	•
der Berufswunsch (¨e) — choice of job				•		
die Bewerbung (-en) — job application				•		
die Bezahlung (-en) — pay, payment				•		
die Bildung — education						•
die Chance (-n) — chance, opportunity				•		
der Computer (-) — computer	•	•			•	•
das Diplom (-e) — diploma			•			
der Eindruck (¨e) — impression						•
der Feierabend (-e) — end of work, evening			•	•	•	•
das Geld (-er) — money	•	•	•	•	•	•
die Gelegenheit (-en) — opportunity				•		
die Genehmigung (-en) — approval, permit						•
halbtags — half-day/part-time			•			
der Handel — trade				•		
der Job (-s) — job			•			•
der Kurs (-e) — course				•		•
der Lebenslauf (¨e) — curriculum vitae				•		
die Lehre (-n) — apprenticeship						•
die Litfaßsäule (-n) — advertising column						•
die Möglichkeit (-en) — possibility				•		•
die Qualifikation (-en) — qualification				•		
der Ruhetag (-e) — day off				•	•	
die Schreibmaschine (-n) — typewriter				•		

	MEG	NEAB	ULEAC	SEG	WJEC	NICCEA
die Stelle (-n) — place, job	•	•	•		•	•
die Stellenanzeige (-n) — job advertisement			•			
der Streik (-s) — strike						•
der Tarif (-e) — price, rate			•			
der Tourismus — tourism					•	
der Umtausch (–e) — exchange	•					
der Werktag (-e) — working day		•				•
der Wochentag (-e) — week day		•		•		•

The people

	MEG	NEAB	ULEAC	SEG	WJEC	NICCEA
der Arbeitgeber (-) — employer			•			•
der Arbeitnehmer (-) — employee			•			•
der Chef (-s) — boss	•		•		•	•
sehr geehrter Herr Kurz! — Dear Mr. Kurz				•	•	•
der Kollege (-n) — colleague	•		•	•		•
die Kollegin (-nen) (f) — colleague						•
der Lehrling (-e) — apprentice			•			•
sehr geehrte — Dear (opening a formal letter)	•					

Places

	MEG	NEAB	ULEAC	SEG	WJEC	NICCEA
der Betrieb (-e) — factory, firm			•		•	•
das Büro (-s) — office	•	•	•	•	•	
die Fabrik (-en) — factory	•	•	•	•	•	•
die Firma (-en) — firm			•	•		•
das Geschäft (-e) — shop, business	•		•	•	•	•
die Handlung (-en) — business, trade	•				•	
die Industrie (-n) — industry	•	•	•	•	•	•
die Werkstatt (–e) — workshop	•	•				

Verbs relating to work

	MEG	NEAB	ULEAC	SEG	WJEC	NICCEA
abschicken (sep) — to send off			•			
annehmen (sep) — to accept					•	•
arbeiten — to work	•	•	•		•	•
ausrichten (sep) — to organise, to deliver			•	•		
austragen (sep) — to deliver (i.e. letters)		•				
behandeln — to deal with					•	
beilegen (sep) — to enclose	•		•	•		
sich bewerben — to apply (for a job)			•			
bezahlen — to pay	•		•	•	•	•

	MEG	NEAB	ULEAC	SEG	WJEC	NICCEA
einschreiben (sep) — to send recorded delivery						•
einwerfen (sep) — to post, to put in slot		•	•		•	•
funktionieren — to work (i.e. to function)		•	•			•
gebrauchen — to use		•				
kündigen — to hand in one's notice						•
lehren — to teach				•		
operieren — to operate			•			•
programmieren — to programme		•				
schicken — to send	•	•	•	•		•
sein — to be	•	•	•	•	•	
senden — to send				•		
streiken — to strike						•
tippen — to type	•		•		•	
unterrichten — to teach			•		•	
werden — to become	•	•	•			•
zählen — to count			•			
zeichnen — to draw	•		•		•	•

Jobs

	MEG	NEAB	ULEAC	SEG	WJEC	NICCEA
der Angestellte (-n) — employee			•		•	•
der Apotheker (-) — chemist	•				•	
der Arbeiter (-) — worker	•		•			•
der Assistent (-en) — assistant					•	
der Babysitter (-s) — babysitter				•		
der Bäcker (-) — baker	•		•	•	•	•
der Bauer (-n) — farmer	•				•	•
die Bäuerin (-nen) — farmer's wife						•
die Beamte (-n) (f) — civil servant					•	
der Beamte (-n) — official, civil servant	•	•	•		•	•
der Briefträger (-) — postman	•		•	•	•	•
der Detektiv (-e) — detective			•			
der Dolmetscher (-) — interpreter					•	
der Drogist (-en) — chemist	•				•	•
der Elektriker (-) — electrician	•		•			•
der Fabrikarbeiter (-) — factory worker	•				•	
der Fahrer (-) — driver	•				•	•
der Feuerwehrmann (¨er) — fireman	•					
der Fleischer (-) — butcher			•		•	•
der Fotograf (-en) — photographer			•			
der Friseur (-e) — hairdresser	•		•	•		•

	MEG	NEAB	ULEAC	SEG	WJEC	NICCEA
der Geschäftsmann (¨er) — business man					•	•
der Handarbeiter (-) — manual worker					•	
der Händler (-) — tradesman, dealer	•				•	•
der Handwerker (-) — skilled manual worker						•
die Hausfrau (-en) — housewife	•	•	•	•	•	•
der Ingenieur (-e) — engineer			•	•		•
der Journalist (-en) — journalist						•
der Juwelier (-e) — jeweller			•			
der Kassierer (-) — cashier			•			
die Kassiererin (-nen) (f) — cashier						•
die Kauffrau (-en) — businesswoman			•			
der Kaufmann (¨er) — businessman	•	•	•			•
der Kinderpfleger (-) — children's nurse					•	
der Konditor (-en) — pastry cook					•	
die Krankenschwester (-n) — female nurse	•	•	•	•	•	•
der Künstler (-) — artist						•
der Landarbeiter (-) — agricultural worker			•			
der Lehrer (-) — teacher	•	•	•	•	•	•
der Maler (-) — painter			•			
die Malerin (-nen) (f) — painter						•
der Mechaniker (-) — mechanic	•	•	•	•	•	
der Metzger (-) — butcher	•			•	•	•
der Pilot (-en) — pilot	•					
der Rentner (-) — pensioner						•
der Schauspieler (-) — actor	•	•	•			
der Schneider (-) — tailor					•	
der Sekretär (-e) — secretary					•	•
die Sekretärin (-nen) (f) — secretary	•	•	•		•	•
der Soldat (-en) — soldier			•	•		•
der Taxifahrer (-) — taxi driver			•			
der Verkäufer (-) — salesman		•	•	•	•	•
der Vertreter (-) — representative					•	
der Zahnarzt (¨e) — dentist	•					
das Zimmermädchen (-) — maid	•					

Adjectives

	MEG	NEAB	ULEAC	SEG	WJEC	NICCEA
aktuell — current					•	
angestellt — on the staff						•
arbeitslos — unemployed		•	•		•	•
beruflich — professional						•

	MEG	NEAB	ULEAC	SEG	WJEC	NICCEA
berufstätig — employed						•
beschäftigt — busy				•		
bürgerlich — civil					•	
möglich — possible	•	•	•	•	•	•
nötig — necessary				•	•	
notwendig — necessary					•	
städtisch — municipal						•
technisch — technical	•					
unmöglich — impossible	•			•	•	
wichtig — important			•	•	•	•

COMMUNICATION

The telephone

	MEG	NEAB	ULEAC	SEG	WJEC	NICCEA
der Anruf (-e) — phone call				•	•	•
der Anrufbeantworter (-) — answerphone				•		
am Apparat — speaking!					•	
der Apparat (-e) — phone	•	•		•	•	•
auf Wiederhören — good bye	•	•	•	•	•	•
besetzt — occupied, engaged	•	•		•	•	•
bleiben Sie am Apparat! — hold the line!						•
das Ferngespräch (-e) — long-distance call						•
der Fernsprecher (-) — public phone					•	•
der Hörer (-) — receiver			•	•	•	•
die Kabine (-n) — booth				•	•	
das Kleingeld — small change	•			•	•	•
der Notruf (-e) — emergency call				•	•	•
die Nummer (-n) — number	•	•		•	•	•
das Ortgespräch (-e) — local call						•
das Telefon (-e) — telephone				•	•	•
das Telefonbuch (-̈er) — phone book	•					•
die Telefonkabine (-n) — phone kiosk						•
die Telefonnummer (-n) — phone number	•	•			•	•
die Telefonzelle (-n) — phone box					•	•
die Vorwahl (-en) — dialling code					•	•
die Vorwahlnummer (-n) — code			•	•	•	•

Telephone verbs

	MEG	NEAB	ULEAC	SEG	WJEC	NICCEA
anrufen (sep) — to phone	•	•	•	•	•	•

	MEG	NEAB	ULEAC	SEG	WJEC	NICCEA
aufheben (sep) — to pick up (receiver)			•			•
auflegen (sep) — to replace (receiver)			•			•
sich melden — to answer the phone			•			•
rufen — to call	•		•	•	•	•
telefonieren — to phone	•	•	•	•	•	•
wählen — to dial	•		•	•	•	•

USEFUL IT VOCABULARY

Abenteuerspiel (n)	adventure game
Sicherheitskopie (f)/Backup (n)	back-up
fett	bold (print style)
booten/starten	boot
blättern/Datei durchgehen	browsing
Pufferspeicher (m)	buffer memory
Fehler (m)/Bug (m)	bug
Computer-unterstütztes Lernen	Computer Assisted Learning
Verbrauchsmaterial (n)	consumable (paper etc.)
Positionsanzeiger (m)/Schreibmarke (f)	cursor
Ausschneiden und Einfügen	cut and paste
Datum (n)/Datensatz (m)	datum
Datenbank (f)	database
debuggen/Fehler beseitigen/ Fehler suchen	debug
löschen	delete
digital	digital
digitalisieren	digitise
(Inhalts)verzeichnis (n)	directory
Diskettensystem/Betriebssystem (n)	Disc Operating System (DOS)
(Disketten)laufwerk (n)	disc drive
(an)zeigen/darstellen	display
ausgeben (in Rohform)/dumpen	dump (to print out a screen)
editieren/aufbereiten (zum Ausdruck)	edit
Aufbereitung (f)/Gestaltung (f) (des Textes)	editing
Lernprogramm (n)	educational software
Elektronische Post (f)	electronic mail
fernkopieren/faxen	fax
Feld (n)/Datensatz (m)	field (on database)

Datei (f)	file
Diskette (f)	floppy disc
formatieren	format
Spielprogramm (n)/Spielsoftware (f)	games software
Hardcopy (f)/(Bildschirm)ausdruck (m)	hard copy
Festplatte (f)	hard disc
Hardware (f)	hardware
hervorheben/inverse Darstellung (f)	highlighting
Informatik (f)/Info'technologie (f)	information technology
Eingabe (f)	input
interaktiv	interactive
Interface (n)/Schnittstelle (f)	interface
Joystick (n)	joystick
Taste (f)	key
Tastatur (f)	keyboard
Stichwort (n)/Schlüsselbegriff (m)	keyword
(auf)listen	list
laden	load (a computer program)
Menü (n)/Benutzerführung (f)	menu
mischen/(Daten)verknüpfen	
/zusammenführen	merge
Mikrochip (m)/IC (m)	microchip
Mikrocomputer/Computer (m)	microcomputer
Modem (n)	modem
Bildschirm (m)/Monitor (m)	monitor
Maus (f)	mouse
Fast korrespondenzfähige	
Druckqualität (f)	Near Letter Quality (NLQ)
Korrespondenzfähigkeit (f) Netz (n)/	
Netzwerk (n)	network
off-line	off-line
bürotechnik (f)	office technology
on-line	on-line
Ausgabe (f)	output
Paket (n)	package
Passwort (n)	password
Peripheriegerät (n)	peripheral (printer etc.)
Tortendiagramm (n)/	
Kuchendiagramm (n)	pie chart
Drucker (m)	printer
Druckertreiber (m)	printer driver
Programm (n)	program
Prompt (n)/Eingabeaufforderung (f)/	
Systemanfrage (f)	prompt

Schreiblesespeicher (m)/Speicher (m) mit wahlfreiem Zugriff/ Arbeitsspeicher (m)	Random Access Memory (RAM)
Festwertspeicher (ROM) (m)/ Nur-Lesespeicher (m)	Read Only Memory (ROM)
Record (n)/Datensatz (m)	record (database)
speichern/sichern	save
Bildschirm (m)	screen
Bildschirmanzeige (f)	screen display
scrollen (Bildhochschieben)/rollen	scrolling
Programm (n)/Software (f)	software
Tabellenkalkulation(sprogramm (n)) (f)	spreadsheet
Stapel, Einschub	stack (Apple Hypercard)
Zeichenfolge (f)	string
Telekommunikation (f)	telecommunications
Bildschirmtext (m)/BTX (m)	viewdata system
Textfenster (n)/Grafikfenster (n)	text/graphics window
Traktor (m) (für Papiervorschieb)/ Traktoreinzug (m)	tractor feed
Hilfsprogramm (n)/Utility (n)	utility
Bildschirmtextterminal (m) or (n)	viewdata terminal
Sprachsynthesizer/elektronische Stimme	voice synthesiser
Textverarbeitung (f)	word processing

Area of Experience E

The international world

TOURISM AT HOME AND ABROAD

Transport

German	English	MEG	NEAB	ULEAC	SEG	WJEC	NICCEA
die Abfahrt (en)	departure	•	•	•	•	•	•
der Abflug (¨e)	departure of flights		•	•	•		
die Abreise (-n)	departure	•		•			
die Ankunft (¨e)	arrival	•	•	•	•	•	•
der Ausstieg (-e)	exit (i.e. on a bus)	•	•				
die Dauer	duration					•	
der Einstieg (-e)	entrance (i.e. onto a bus)	•	•	•			•
die Entfernung (-en)	distance						•
der Fahrausweis (-e)	ticket				•		
das Fahrgeld (-er)	fare					•	
die Fahrkarte (-n)	ticket	•	•	•		•	•
der Fahrplan (¨e)	timetable	•	•	•		•	•
der Fahrpreis (-e)	fare					•	
der Fahrschein (-e)	ticket	•	•		•	•	•
der Flug (¨e)	flight			•	•	•	•
der Flughafen (¨)	airport	•	•	•	•	•	•
der Flugplatz (¨e)	airfield, airport						•
die Hafenstadt (¨e)	port				•		
die Haltestelle (-n)	bus/tram stop	•	•	•	•	•	•
die Hauptstraße (-n)	main road	•		•		•	
die Hauptverkehrszeit (-en)	rush hour	•					
der Kanal (¨e)	canal					•	
der Koffer (-)	suitcase	•		•		•	•
das Kreuz (-e)	cross, intersection		•				
Öffentliche Verkehrsmittel	public transport					•	
die Richtung (-en)	direction	•		•	•	•	•
die Rückgabe	return of luggage					•	
der Taxistand (¨e)	taxi rank						•
die Uhrzeit (-en)	clock time	•	•	•			

		MEG	NEAB	ULEAC	SEG	WJEC	NICCEA
die Verspätung (-en)	delay			•	•	•	•
zugestiegen	to have got on a bus, train, etc					•	

The people

		MEG	NEAB	ULEAC	SEG	WJEC	NICCEA
der Busfahrer (-)	bus passenger			•			
der Fluggast (-̈e)	airline passenger					•	
der Nichtraucher (-)	non-smoker	•		•	•		•
der Passagier (-e)	passenger	•				•	•
der Radfahrer (-)	cyclist	•					

Vehicles

		MEG	NEAB	ULEAC	SEG	WJEC	NICCEA
das Boot (-e)	boat	•	•	•	•		•
der Bus (-sse)	bus	•	•	•			•
der Dampfer (-)	steamer	•					
die Fähre (-n)	ferry				•	•	•
das Fahrrad (-̈er)	bicycle	•		•	•	•	•
das Fahrzeug (-e)	vehicle			•			
das Flugzeug (-e)	aeroplane	•		•	•	•	•
der Lastwagen (-)	lorry				•	•	
der LKW (-s)	lorry	•		•	•	•	
die Maschine (-n)	machine, plane	•					•
das Mofa (-s)	moped	•				•	•
das Motorrad (-̈er)	motorbike	•		•	•	•	•
der Reisebus (-se)	coach	•	•				
das Schiff (-e)	ship	•		•	•	•	•
die Straßenbahn (-en)	tram	•	•	•	•	•	•
das Taxi (-s)	taxi						•

Travel verbs

		MEG	NEAB	ULEAC	SEG	WJEC	NICCEA
abbiegen (sep)	to turn, to turn off (a road)	•		•		•	
abfahren (sep)	to depart	•	•	•	•		•
abfliegen (sep)	to fly, to take off				•	•	
abreisen (sep)	to leave				•		
per Anhalter fahren	to hitch-hike						•
ankommen (sep)	to arrive	•	•	•	•	•	•
aussteigen (sep)	to get off/out	•	•	•	•	•	•
per Autostop fahren	to hitch-hike						•
dauern	to last		•	•	•	•	•

		MEG	NEAB	ULEAC	SEG	WJEC	NICCEA
einsteigen (sep)	to get on/in	•	•	•	•		•
entwerten	to cancel (a ticket)	•					•
fahren	to go, to travel	•	•	•	•	•	•
kommen	to come	•	•	•	•	•	•
landen	to land				•	•	
losfahren (sep)	to set off	•					
reisen	to travel	•		•	•	•	•
trampen	to hitch-hike						•
umsteigen (sep)	to change (e.g. train)	•	•	•	•	•	•
umtauschen (sep)	to exchange	•		•	•	•	•
verpassen	to miss (e.g. a bus)			•	•	•	•
verreisen	to go away				•		•
warten	to wait	•				•	•
sich zurechtfinden (sep)	to find one's way						•
zurückfahren (sep)	to return, to drive back					•	
zurückkehren (sep)	to return				•		
zurückkommen (sep)	to come back					•	

Cars

		MEG	NEAB	ULEAC	SEG	WJEC	NICCEA
ADAC	German equivalent of AA	•		•			
das Auto (-s)	car	•	•	•	•	•	•
die Autowäsche (-n)	carwash					•	
die Baustelle (-n)	building site, roadworks	•				•	
das Benzin	petrol	•		•	•		•
der Diesel	diesel						•
der Fahrgast (–e)	passenger	•			•	•	•
der Führerschein (-e)	driving licence	•		•	•		•
die Geldstrafe (-n)	spot fine				•		
das Glatteis	ice				•	•	•
die Landkarte (-n)	map	•		•	•	•	
der Luftdruck	air pressure	•			•		•
das Normalbenzin	regular petrol					•	
das Öl (-e)	oil	•			•	•	•
die Panne (-n)	breakdown			•	•	•	•
das Parkhaus (–er)	multi-storey car park	•		•	•	•	•
der Parkschein (-e)	parking ticket						•
die Parkuhr (-en)	parking meter				•	•	
das Parkverbot	no parking				•	•	•
der PKW (-s)	car	•		•	•		•

		MEG	NEAB	ULEAC	SEG	WJEC	NICCEA
der Rasthof (⁓e)	service station	•					
die Raststätte (-n)	service station			•	•	•	
der Reifendruck	tyre pressure	•					
die Reifenpanne (-n)	puncture				•		
die Reparatur (-en)	repair	•			•		•
die Reperaturwerkstatt (⁓e)	car repairers	•					
SB	self-service			•	•		
das Schild (-er)	sign	•		•		•	•
selbsttanken	self-service for fuel	•					
die Sperre (-n)	barrier				•	•	
der Stau (-s)	traffic jam			•		•	•
die Strafe (-n)	fine, punishment						•
das Strafgeld (-er)	fine						•
Super verbleit	4-star petrol (leaded)	•					
das Superbenzin	4-star petrol					•	•
die Tankstelle (-n)	petrol station	•	•	•	•	•	•
der Tankwart (-e)	petrol attendant			•	•	•	
unverbleit	unleaded	•					
der Verkehr (-)	traffic	•		•	•	•	•
die Versicherung (-en)	insurance						•
der Wagen (-)	car	•			•	•	•

Roads

		MEG	NEAB	ULEAC	SEG	WJEC	NICCEA
Anlieger frei	residents only	•					•
die Ausfahrt (-en)	exit (e.g. on motorway)	•		•	•		•
die Autobahn (-en)	motorway	•	•	•	•	•	•
die Durchfahrt (-en)	way through					•	•
der Durchgang (⁓e)	thoroughfare						•
die Einbahnstraße (-n)	one-way street	•		•	•	•	•
die Hauptstraße (-n)	main road					•	
die Kreuzung (-en)	crossing	•		•	•	•	•
die Kurve (-n)	curve, bend						
die Landstraße (-n)	country road	•			•	•	
die Überfahrt (-en)	crossing						
der Übergang (⁓e)	crossing						•
die Umleitung (-en)	diversion	•			•	•	•
die Vorfahrt (-en)	right of way	•			•	•	•
die Zufahrt (-en)	approach road	•					

Car parts

German	English	MEG	NEAB	ULEAC	SEG	WJEC	NICCEA
die Bremse (-n)	brakes				•	•	•
der Gürtel (-)	seat belt	•		•		•	
der Katalysator (-en)	catalyst			•			
der Kofferraum (¨e)	boot (of car)			•		•	•
der Motor (-en)	engine						•
das Rad (¨er)	wheel	•	•	•	•	•	•
der Reifen (-)	tyre	•		•			•
das Steuerrad (¨er)	steering wheel					•	

Car verbs

German	English	MEG	NEAB	ULEAC	SEG	WJEC	NICCEA
abschleppen (sep)	to tow away				•		•
bestrafen	to punish					•	
bremsen	to brake			•	•		•
einordnen (sep)	to get into lane	•					
freihalten (sep)	to keep clear	•				•	
Gang schalten	to change gear						•
hupen	to sound the horn						•
parken	to park	•		•	•	•	•
prüfen	to test, to check	•		•	•	•	•
tanken	to fill up with petrol	•		•	•	•	•
überholen	to overtake				•		•
volltanken (sep)	to fill up (petrol)					•	
weiterfahren (sep)	to drive on						•

Adjectives

German	English	MEG	NEAB	ULEAC	SEG	WJEC	NICCEA
bleifrei	leadfree					•	•
direkt	direct, non-stop	•	•			•	•
einfach	simple, single (ticket)	•	•	•	•	•	•
fahrplanmäßig	scheduled						•
gesperrt	closed to traffic					•	•
gestattet	allowed, permitted	•					
gültig	valid					•	•
kurvenreich	winding						•
öffentlich	public				•	•	•
planmässig	according to plan					•	
verbleit	leaded					•	
verboten	forbidden	•		•	•	•	•
versichert	insured						•

	MEG	NEAB	ULEAC	SEG	WJEC	NICCEA
By train						
das Abteil (-e) — compartment (of train)				•	•	
der Anschluß (¨sse) — connection				•		•
die Bahn (-en) — railway	•			•	•	•
der Bahnhof (¨e) — station	•	•		•	•	•
die Bahnhofshalle (-n) — station concourse				•		
der Bahnsteig (-e) — platform	•			•	•	•
die DB — German Railways				•		
Deutche Bundesbahn /DB — German Railways	•				•	
die Eisenbahn (-en) — railway						•
die Endstation (-en) — terminus						•
der Entwerter (-) — ticket cancelling machine	•				•	•
der Fahrkartenschalter (-) — ticket office			•			
das Fundbüro (-s) — lost property office				•	•	•
das Gepäck — luggage	•			•	•	•
die Gepäckaufbewahrung — left-luggage office						•
das Gepäcknetz (-e) — luggage rack						•
der Gepäckträger (-) — porter						•
das Gleis (-e) — platform	•	•	•	•	•	•
der Hauptbahnhof (¨e) — main station	•	•			•	
hin und zurück — return		•			•	•
die Notbremse (-n) — communication cord				•		
der Portier (-s) — porter				•		
die Rückfahrkarte (-n) — return ticket	•	•	•	•	•	•
der Schaffner (-) — ticket collector						•
das Schließfach (¨er) — left-luggage locker				•		•
die Station (-en) — station	•					
die Tageskarte (-n) — day ticket	•			•	•	
die U-Bahn (-en) — underground	•	•	•	•	•	•
die U-Bahnstation (-en) — tube station				•		•
der Warteraum (¨e) — waiting room	•					
der Wartesaal (-säle) — waiting room	•			•	•	•
das Wartezimmer (-) — waiting room	•					
Trains						
der D-Zug (¨e) — fast train		•		•		•
der Eilzug (¨e) — fast train	•	•		•		•
der Inter-City-Zug (¨e) — Intercity train		•		•		
der Liegewagen (-) — sleeping car						•

	MEG	NEAB	ULEAC	SEG	WJEC	NICCEA
der Nahverkehrszug (⁻e) — local train	•	•				
der Personenzug (⁻e) — passenger train	•			•		•
die S-Bahn (-en) — urban railway	•	•		•	•	•
der Schlafwagen (-) — sleeping-car					•	•
der Schnellzug (⁻e) — express train	•					•
die Schwebebahn (-en) — cable railway						•
der Speisewagen (-) — restaurant car	•					•
der TEE-Zug (⁻e) — trans-european express	•					
der Zug (⁻e) — train	•	•	•	•	•	•

Countries

	MEG	NEAB	ULEAC	SEG	WJEC	NICCEA
Afrika — Africa	•					
Amerika — America			•		•	•
das Ausland — abroad			•	•	•	•
Belgien — Belgium			•		•	
BRD — German Federal Republic				•		•
das Bundesland — Federal Republic of Germany			•			
die Bundesrepublik — Federal Republic	•	•			•	•
Dänemark — Denmark			•			•
Deutschland — Germany	•	•	•	•		
die ehemalige DDR — former DDR					•	•
England — England	•	•		•		•
Europa — Europe	•		•	•	•	•
Frankreich — France	•	•	•	•		•
Griechenland — Greece			•		•	
Großbritannien — Great Britain			•	•	•	
Holland — Holland			•			
Irland — Ireland			•		•	
Italien — Italy			•	•	•	
Jugoslawien — Yugoslavia						
Luxembourg — Luxemburg						•
die Niederlande — Netherlands	•	•			•	•
Nordamerika — North America						•
Nordirland — Northern Ireland						•
Norwegen — Norway				•		
Österreich — Austria	•	•	•	•	•	•
Polen — Poland			•			•
Portugal — Portugal						•

	MEG	NEAB	ULEAC	SEG	WJEC	NICCEA
die Republik Irland — Irish Republic						•
Rumänien — Romania		•				
Rußland — Russia		•				
Schottland — Scotland		•		•	•	•
Schweden — Sweden		•				•
die Schweiz — Switzerland	•	•	•	•	•	•
die Slowakei — Slovakia		•				
Spanien — Spain		•	•	•		•
Südamerika — South America						•
Tschechische Republik — Czech Republic		•				
die Tschechoslowakei — Czechoslovakia						•
die Türkei — Turkey		•				
Ungarn — Hungary		•				•
die USA (pl) — USA		•	•			•
die Vereinigten Staaten — USA	•					
Wales — Wales						•

Nationalities

	MEG	NEAB	ULEAC	SEG	WJEC	NICCEA
der Amerikaner (-) — American (person)					•	
der Ausländer (-) — foreigner					•	•
der Brite (-n) — Briton					•	
der/die Deutsche (-n) — German (person)	•	•	•	•		•
der Einwohner (-) — inhabitant	•		•	•		
der Engländer (-) — Englishman	•	•		•		•
der Franzose (-n) — Frenchman	•	•		•		•
der Holländer (-) — Dutchman				•		
der Ire (-n) — Irishman						•
die Irin (-nen) — Irishwoman						•
der Italiener (-) — Italian				•		•
der Jude (-n) — Jewish man						•
die Jüdin (-nen) — Jewish woman						•
der Nordire (-n) — Northern Ireland man						•
die Nordirin (-nen) — Northern Ireland woman						•
der Österreicher (-) — Austrian	•	•			•	•
der Schweizer(-) — Swiss (man)	•	•			•	•
der Spanier (-) — Spaniard				•		
der Waliser (-) — Welshman					•	

	MEG	NEAB	ULEAC	SEG	WJEC	NICCEA
Adjectives						
amerikanisch — American					•	
deutsch — German	•	•	•	•		•
englisch — English	•	•	•	•		•
französisch — French	•	•	•	•		•
irisch — Irish						•
jüdisch — Jewish						•
nordirisch — Northern Irish						•
österreichisch — Austrian	•	•				
portugiesisch — Portuguese						•
schottisch — Scottish						•
schweizerisch — Swiss	•					•
spanisch — Spanish			•	•		•
tschechisch — Czech	•					
walisisch — Welsh					•	

LIFE IN OTHER COUNTRIES AND COMMUNITIES

	MEG	NEAB	ULEAC	SEG	WJEC	NICCEA
Rivers						
die Donau — Danube						•
die Mosel — Mosel					•	
der Rhein — Rhine			•		•	•
die Themse — Thames						•
Regions						
Bayern — Bavaria					•	
Mountains						
Alpen (pl) — Alps				•		
Seas						
der Atlantik — Atlantic						•
der Bodensee — Lake Constance					•	
der Kanal — English Channel						•
das Mittelmeer — Mediterranean Sea				•	•	
die Nordsee — North Sea	•	•				
die Ostsee — Baltic Sea	•	•				•

		MEG	NEAB	ULEAC	SEG	WJEC	NICCEA
Cities							
Köln	Cologne	•			•	•	•
München	Munich	•			•	•	•
Rom	Rome					•	
Wien	Vienna	•					•

WORLD EVENTS AND ISSUES

Problems		MEG	NEAB	ULEAC	SEG	WJEC	NICCEA
das Abgas	exhaust fumes			•			
die Absicht (-en)	intention, purpose				•		
AIDS	AIDS			•			
das Altpapier	waste paper			•			
die Arbeitslosigkeit	unemployment				•		
der Ausweis (-e)	identity card	•		•	•	•	•
das Bedürfnis (-se)	need, necessity						•
die Beziehung (-en)	relation						•
die Diskussion (-en)	discussion						•
EG	European Community	•		•			•
der Gastarbeiter (-)	foreign worker			•			
das Gegenteil (-e)	opposite			•	•		
die Gemeinde (-n)	community				•		
die Gesellschaft (-en)	society						•
der Grund (÷e)	reason						•
die Heimat (-en)	home country			•		•	
die Idee (-n)	idea					•	
der Krieg (-e)	war			•			•
die Lage (-n)	situation						•
das Land (÷er)	state (of Germany)	•	•	•		•	•
das Leben	life	•				•	•
die Leute (pl)	people	•		•	•	•	•
die Mauer (-n)	wall	•		•	•		
die Meinung (-en)	opinion, meaning						•
das Mißverständnis (-se)	misunderstanding	•					
das Mittel (-)	means	•					
der Ordner (-)	steward, marshall		•				
der Politiker (-)	politician			•			
das Problem (-)	problem	•		•			•
der Raum (÷e)	room, space	•		•		•	•

		MEG	NEAB	ULEAC	SEG	WJEC	NICCEA
die Sache (-n)	thing, affair	•			•	•	
die Serie (-n)	series			•			
die Sorte (-n)	sort, type				•	•	
der Spielraum	room to move					•	
der Staat (-en)	state	•				•	
die Steuer (-n)	tax						•
die Umfrage (-n)	survey, poll				•		
umsonst	in vain						•
der Umweltschutz	conservation				•		
der Unsinn	nonsense					•	
die Ursache (-n)	cause	•					
die Verbindung (-en)	connection					•	•
die Verschmutzung	pollution				•		
die Wende (-n)	change, re-unification				•		
das Wunder (-)	miracle					•	
das Ziel (-e)	aim, destination, target	•			•	•	•
die Zukunft	future				•		•

Verbs

		MEG	NEAB	ULEAC	SEG	WJEC	NICCEA
beschließen	to decide on, to end						•
bestehen	to exist	•			•	•	•
brauchen	to need	•	•	•	•	•	•
denken	to think	•			•	•	•
sich erinnern	to remember				•		•
folgen	to follow	•			•	•	•
glauben	to believe	•			•	•	•
hoffen	to hope	•	•		•	•	•
leiden	to suffer				•		
liegenlassen (sep)	to leave behind				•		
sich lohnen	to be worth while						•
meinen	to mean, to think	•	•		•		
nachdenken (sep)	to think, to reflect						•
recht haben	to be right	•			•	•	
recyceln	to re-cycle				•		
scheinen	to seem	•	•		•		•
schützen	to protect				•		
träumen	to dream	•			•		
unrecht haben	to be wrong	•			•		
wissen	to know	•	•		•	•	•
zunehmen (sep)	to increase				•	•	•